マクロ経済の統計

— はじめてのSNA —

佐々木浩二 [著]

三恵社

はじめに

　経済ニュースに登場するさまざまな統計をひとつにまとめたものを System of National Accounts（SNA）といいます。本書は、はじめて SNA を学ぶ人にその概要をつかんでいただくことをねらいとしています。

　本書は 4 部構成です。第 1 部と第 2 部では日本経済のフローとストックを記述する統計について、推計手順を含めて説明します。第 3 部では SNA にあらわれる企業、家計、政府の経済活動を読み解きます。第 4 部では政策評価に使われる物価と雇用の統計を紹介します。各章の記述は省庁の統計官が著した論文やレポートをもとにしています。点在するマクロ経済統計の資料をコンパクトにまとめたハンドブックとしても活用いただけます。

　経済学者のケインズは、「われわれが統計を激情のバロメーターおよび感情の便利な伝達物として取り扱おうと固執するかぎり、混乱と貧困が続くことであろう。以下の数字の検討においては、われわれは事実を測定するために数字を使うのであって、愛憎を文字で表わすために使用するのではない、ということに同意していただきたい」[1]と書いています。

　経済統計に感情はありませんが、自らの感情を正当化するために統計を弄ぶ人がいるのは、ケインズが生きた時代も今もかわりません。日本は資本主義・民主主義の国ですので、私たち一人一人が経済統計をできるかぎり正確に理解し、経済活動や投票行動に反映させることが求められます。本書がその一助となれば幸いです。

　少部数にもかかわらず、出版の機会を与えていただいた三恵社の木全俊輔氏に心より謝意を表します。本書にあらわれる不備の責任はすべて筆者に帰します[2]。

令和 3 年 9 月

---

[1] Keynes, John Maynard 著, 千田純一訳『条約の改正』ケインズ全集第 3 巻, 東洋経済新報社, 1977 年, pp. 79-80 から引用。

[2] 本書は、平成 30 年 9 月に出版した前著『経済の統計 ―はじめての SNA―』を、平成 27 年基準改定にともない改訂したものである。マクロ経済統計に関する私的な研究会の運営者の方々、研究会で説明いただいた方々に心より謝意を表する。統計に関わる機関等に文中で言及することがあるが、関係者各位への意見を含まないことを申し添える。

目次

第 1 部

フローの統計

第1章　SNA

「経済活動をもれなく記述する、矛盾のない、柔軟な経済統計のあつまり」[3]を System of National Accounts（SNA）といいます。本章では欧州委員会、国際通貨基金、経済開発協力機構、国際連合、世界銀行が共同で作成する SNA を概観します。

1　SNA

　経済統計の世界基準である SNA がはじめて作成されたのは 1953 年でした。その後、各国の統計が整備され、経済が発展するのにともない、1968 年、1993 年、2008 年にマニュアルが改定されました。2008 年版のマニュアルを 2008SNA といいます[4]。

　図表 1－1 は主な国が 2008SNA へ移行した年を表しています。オーストラリアは最も早く 2009 年に移行しました。少し遅れて 2012 年にカナダが、2013 年にメキシコ、米国、イスラエルが、2014 年には欧州主要国、韓国、ノルウェー、スイスが移行しました。日本は図表に掲げた国の中で最も遅く、2016 年に移行しました。国名の後につづく () 内の数字は 2008SNA へ移行したときの基準年です。統計作成の起点となる基準年と移行年が異なるのは、SNA の推計に用いる基礎資料が出そろうまでに一定の期間を要し、それを加工するにも一定の期間を要するためです。

移行年	国名（統計の基準年）
2009	オーストラリア（2007-2008）
2012	カナダ（2010）
2013	メキシコ（2008）、米国（2010）、イスラエル（2012）
2014	欧州主要国・韓国（2010）、ノルウェー・スイス（2011）
2016	日本（2011）

図表 1－1　2008SNA への移行[5]

---

[3] European Commission et al.（2009）の Forward を和訳し引用。包括性については European Commission et al.（2009）の第 1 章節 1.6 を、無矛盾性については第 2 章節 2.3 と 2.4 を、柔軟性については第 1 章節 1.30 を参照。

[4] European Commission et al.（2009）は 662 ページ、内閣府経済社会総合研究所国民経済計算部（2016）は 205 ページ、内閣府経済社会総合研究所国民経済計算部（2021）は 180 ページにわたる。

[5] 内閣府経済社会総合研究所国民経済計算部（2016, p. 157）の図表 37 をもとに作成。米国

2 国民経済計算

統計法 6 条に「国際連合の定める国民経済計算の体系に関する基準に準拠し、国民経済計算の作成基準（以下この条において単に「作成基準」という。）を定め、これに基づき、毎年少なくとも一回、国民経済計算を作成しなければならない」とあります。国民経済計算はSNA を日本の事情にあわせて現地化した統計です[6]。ニュースで見聞きする Gross Domestic Product（GDP：国内総生産）は、国民経済計算を構成する統計の 1 つです。

図表 1－2 は国民経済計算を 2008SNA に対応させる取り組みを時系列で表しています。取り組みは 2008 年 10 月に関係省庁が合同で試算したことにはじまりました。この試算で得た知見をもとに 2010 年 6 月と 2011 年 3 月に試算しなおし、推計手法を確立しました。これと並行して、98 項目に及ぶ 2008SNA の勧告への対応も議論されました[7]。議論の結果は内閣の諮問への答申にまとめられました。

日付	移行への取り組み
2008 年 10 月	各省合同チームによる試算
2009 年 4 月 13 日	総務省,統計委員会に対する諮問第 16 号
2010 年 6 月	2010 年試算
2011 年 3 月	2011 年試算
2011 年 5 月 20 日	諮問第 16 号の答申
2014 年 9 月 10 日	総務省,統計委員会に対する諮問第 70 号
2015 年 3 月 23 日	諮問第 70 号の答申
2016 年 12 月 8 日	2008SNA にもとづく年次推計の公表

図表 1－2　国民経済計算の 2008SNA への対応[8]

図表 1－3 は国民経済計算の基礎資料を表しています。業務統計とは官庁の業務の記録です。貿易統計は通関業務の、税務統計は収税業務の、職業安定業務統計は職業紹介業務の記録です。調査統計とはアンケートの結果をまとめたものです。家計調査は私たちの家計簿を、

が採用する統計基準 NIPA については山岸（2017, p.57）の脚注 35 を参照。基礎資料の多寡や推計の事情は各国異なる。これが移行時期に影響しているようである。

[6] 統計法 2 条、総務省,基幹統計の指定,基幹統計一覧を参照。

[7] 内閣府経済社会総合研究所国民経済計算部（2016）の巻末資料 7 を参照。

[8] 総務省,統計委員会,統計委員会に対する諮問及び諮問に対する答申、総務省,統計委員会,国民経済計算部会の添付資料をもとに作成。試算については第 11 回部会資料 2,『「経済センサス―活動調査」導入に伴う年次推計の見直しについて』を参照。

法人企業統計調査は企業業績のアンケートを、毎月勤労統計調査は賃金・労働時間・雇用の
アンケートをまとめたものです。加工統計とは業務統計や調査統計をもとに作成する統計
です。産業連関表、社会保障費用統計、消費者物価指数は国民経済計算の基礎資料となる加
工統計です。

　国民経済計算は 120 を超える業務統計、350 を超える調査統計、50 を超える加工統計を
もとに作成されます。2008SNA への対応に要した 8 年は空白の期間ではなく、100 ほどの勧
告に応えながら、650 ページを超えるマニュアルを参照して、500 を超える基礎資料を 1 つ
の体系に組み上げるのに費やされた期間でした。

	作成機関の数	対象統計の数	例
業務統計	24	120 超	貿易統計、税務統計、職業安定業務統計
調査統計	20	350 超	家計調査、法人企業統計調査、毎月勤労統計調査
加工統計	9	50 超	産業連関表、社会保障費用統計、消費者物価指数

図表 1−3　国民経済計算の基礎資料[9]

　国民経済計算の基準年には重要な基礎資料が多く作成されます。豊富な資料にもとづく
基準年の推計値には高い信頼性があります。基準年と同じ資料をもとに毎年推計するのが
理想ですが、資料を作成する予算と人員には限りがあり、現実的ではありません。それで、
図表 1−4 のように、基準年でない年は基準年からの伸びをもとに推計しています。

図表 1−4　延長年の推計[10]

---

[9] 伊藤他（2016, p. 2）を参照して作成。
[10] 総務省統括統計官（統計基準担当）（2016, p. 2）によれば、統計事業予算は例年 300 億円
規模であり、内閣府経済社会総合研究所国民経済計算部に所属するのは 62 人である。統計
作成にかけられる予算と人員の詳細は本章補論を参照。

基準年ではない年を延長年といいます。精度に不安がある延長年の推計値は、遅れて公表される基礎資料を用いて逐次改定されます。図表1−5はそのようすを表しています。はじめて公表する延長年の推計値を第1次年次推計、第1次年次推計を改定したものを第2次年次推計、第2次年次推計を改定したものを第3次年次推計といいます。2017年末に第1次年次推計として公表された2016年の値は、2018年末に第2次年次推計値へ、2019年末に第3次年次推計値へ改定されました。

図表1−5　延長年における推計精度の向上（2011年基準）[11]

　さらに、基準改定というものもあります。基準改定とは、おおよそ5年おきに重要な基礎資料を集めなおし、それをもとに値を推計しなおす作業です。図表1−6は2020年末に行われた基準改定を表しています。基準年を2011年から2015年に移し、1994年以降の値を推計しなおしました。

図表1−6　2015年基準への改定[12]

---

[11] この図表は2011年基準の推計値が改定される様子を表す。
[12] 2015年基準への改定については、内閣府経済社会総合研究所国民経済計算部（2017）、統計委員会国民経済計算体系的整備部会・内閣府経済社会総合研究所国民経済計算部（2019, 2020）を参照。

繰り返される改定についてまとめます。まず、図表1-5が示すように、同じ基準年の下で3度推計します。つづいて、図表1-6が示すように、基準年が変わるときに再推計します。さらに、SNAのマニュアルが次の版へ移行するときにも再推計します。国民経済計算のデータを利用するときには、どの段階の推計値なのか必ず確認しましょう。

3　生産、取引、使用、蓄積

　国民経済計算は生産、取引、使用、蓄積の流れで経済活動を記録します[13]。図表1-7が示すように、企業等は人を雇い、保有する設備に原材料を投入してモノを作ります。モノを作る活動を生産といいます[14]。生産されたモノは取引されます。取引とはモノを他の経済主体に渡すことです[15]。日本のような市場経済の国では売買が取引の中心です。

図表1-7　生産[16]

　生産され、取引されたモノは何かに使われます。次ページの図表1-8は使用先別にモノが分類されるようすを表しています。使われたモノが消えてなくなるとき、それを消費といいます。消費は中間消費と最終消費に分かれます。企業等が生産に用いる原材料、部品、電気、ガス、水道などは中間消費に、私たちが生活を営み楽しむために使う日用品やサービスなどは最終消費に分類されます。生産のために1年を超えてモノが使われ続けるとき、それを資本形成といいます。企業が建てる工場や導入する機械、中央政府や地方公共団体が造る公共施設や敷設する道路などは資本形成に分類されます。国民経済計算では形成された資本は経済に蓄積されると考えます[17]。

---

[13] European Commission et al.（2009）の第3章節3.6と3.7を参照。
[14] European Commission et al.（2009）の第6章節6.10を参照。
[15] European Commission et al.（2009）の第2章節2.21から2.32を参照。
[16] European Commission et al.（2009）の第1章節1.40から1.44、第2章節2.5から2.15、第5章節5.5と5.8、第6章節6.1から6.9と6.24を参照して作成。本書では財貨およびサービスを「モノ」と表記する。
[17] European Commission et al.（2009）の第1章節1.20と1.21を参照。

図表 1−8　使用と蓄積

　図表 1−9 は生産、取引、使用、蓄積の流れを表しています。国に蓄積された富は国民貸借対照表に記録されます。当年の経済活動は、前年末の国富を用いて営まれます。年初から年末までの経済活動は、生産、取引、使用、蓄積の流れで捉えます[18]。経済活動の結果残る富は、当年末の国民貸借対照表に記録されます。

　　国民貸借対照表　　（国富など）

　　　　　　　生産・取引・使用・蓄積（**GDP**など）　

　　国民貸借対照表　　（国富など）

図表 1−9　経済活動の記録[19]

4　GDP と国富でみる日本経済

　次章から SNA について詳しくみます。ここではその準備として、SNA を代表する統計である GDP と国富で戦後の日本経済を振り返ります。図表 1−10 は 1955 年から 1979 年の日本経済のようすを表しています。1956 年経済白書の「もはや「戦後」ではない」という言葉を合図に、日本経済は戦後復興期から高度成長期へ移行しました。1960 年、10 年で国民の所得を倍にするという所得倍増計画を掲げて池田勇人首相が登場しました。池田首相のブレーンであった下村治が「歴史的な時代」[20]と評したように、GDP は 1960 年の 16 兆円から 1969 年の 62 兆円へ、国富は 1960 年末の 60 兆円から 1969 年末の 242 兆円へ、いずれもおおよそ 4 倍になりました。1968 年に西ドイツを抜き GDP で世界第 2 位となった日本は、1970 年代に入っても 1970 年の大阪万博、1972 年の沖縄返還、田中角栄首相の日本列島改造論による開発ブームなどによって経済が拡大しつづけました。GDP は 1970 年の 73 兆円から 1979

---

[18] 生産と中間消費は生産勘定に、最終消費は使用勘定に、資本形成は蓄積勘定に記録される。詳細は本書第 3 部を参照。
[19] European Commission et al.（2009）の第 2 章 Figure 2.1 と 2.2 を参照して作成。
[20] 下村（2009, p. 14）から引用。

年の 222 兆円へ、国富は 1970 年末の 296 兆円から 1979 年末の 1,166 兆円へ、それぞれ 3 倍、4 倍ほどになりました。1971 年のニクソンショック、1973 年の第 1 次石油ショック、1979 年の第 2 次石油ショックという度重なるショックを受けてもなお成長をつづけた日本経済は米国の学者を驚かせました[21]。

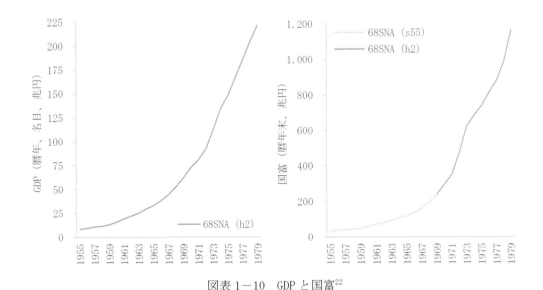

図表 1－10　GDP と国富[22]

　次ページの図表 1－11 は 1980 年からの日本経済のようすを表しています。1981 年に米国で誕生したレーガン政権は、財政と貿易の双子の赤字の解消に取り組みました。そのひとつの表れは 1985 年 9 月のプラザ合意です。日本、米国、西ドイツ、フランス、英国の合意をもとに外国為替はドル安に誘導され、円は対ドルで 1984 年 12 月の 251 円から 1986 年 1 月の 192 円へ急騰しました。もうひとつの表れは 1986 年 4 月に中曽根康弘首相に提出された前川レポートです。これは、米国の貿易赤字を削減するために日本が率先して内需を拡大すべきだとする提言です。具体策として、都市部の再開発を促すために不動産関連税を減税し容積率を見直すこと、消費を増やすために所得税を減税し週休二日制をひろめること、地方の社会資本整備を進めることなどが示されました。この提言をもとに多くの政策が立案されました。東京湾岸地域の開発計画は都市再開発の例です。これは、芝浦、晴海、勝鬨、豊洲、台場など 448ha の埋め立て地に、働く人口 11 万人、住む人口 6 万人の街をつくるとい

---

[21] "Japan as No.1" を著した知日派の巨人 Ezra Feivel Vogel は 2020 年末に逝去された。
[22] 総務省統計局，日本の長期統計系列，内閣府経済社会総合研究所，国民経済計算からデータを取得し作成。図中、項目の「68SNA (h2)」は平成 2 年基準 1968SNA のデータであることを、「68SNA (s55)」は昭和 55 年基準の 1968SNA のデータであることを表す。

う事業規模 4 兆円の計画でした[23]。1987 年に施行された総合保養地域整備法は地方の社会資本整備の例です。この法律によって各地にリゾート施設の建設が計画されました。全国 42 の計画を合わせると事業費見通し 11 兆円、年間利用者数見通し 3 億 8 千万人、雇用者数見通し 22 万人に達しました[24]。これらの計画は地価を押し上げ、「山手線内の土地で米国の土地すべてを買える」といわれるほどになりました。株式市場にも大量の資金が流れ込み、日経平均株価は 1989 年末に史上最高値の 3 万 8,957 円 44 銭を記録しました。GDP は 1980 年の 251 兆円から 1989 年の 421 兆円へ増え、国富は 1980 年末の 1,363 兆円から 1989 年末の 3,231 兆円へふくれあがりました。

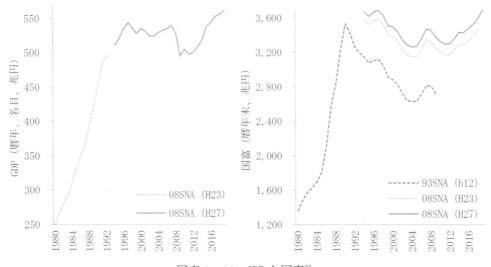

図表 1 - 11　GDP と国富[25]

　1990 年代に入ると状況は一変します。1990 年の取引初日から株式市場は暴落しました。都区部で弱含んでいた地価は、より広い地域で下がりはじめました。これがバブルの崩壊といわれる現象です。国富は 1990 年末の 3,531 兆円をピークに 500 兆円規模で減りました。

---

[23] 小峰編（2011a, p. 228）図表 3 - 2 の臨海部副都心基本計画の数値を参照。
[24] 小峰編（2011a, p. 233）図表 3 - 3 の数値を参照。
[25] 内閣府経済社会総合研究所，国民経済計算からデータを取得し作成。「93SNA（h12）」は平成 12 年基準 1993SNA のデータであることを、「08SNA（h23）」と「08SNA（h27）」は平成 23 年基準と平成 27 年基準の 2008SNA のデータであることを表す。1980 年から 1993 年までの「08SNA（h23）」の GDP は簡易遡及値である。内閣府経済社会総合研究所国民経済計算部（2018）を参照。国富には 1980 年からの簡易遡及値が存在しない。固定資本ストックの実質値は 1980 年から遡及系列がある。野村（2004）の表 2 - 22 は、資本ストックが減少トレンドに入るのはバブル崩壊後ではなく 1997 年であることを示している。この点について野村（2004, p. 142）は、償却率を高く見積もり固定資本減耗が過大評価されているため、国民経済計算の資産は過小評価されていると指摘している。

GDP はバブル崩壊後もゆるやかに増えつづけましたが、それも 1997 年でおわりました。1997 年から 1998 年にかけて山一證券、北海道拓殖銀行、日本長期信用銀行、日本債券信用銀行など、日本を代表する金融機関が相次いで破綻しました。1998 年は 1955 年以降で GDP が減少した最初の年になりました。金融機関はその後数年をかけて整理統合され、2000 年代に入ってようやく危機を脱しました。2002 年以降は、円安と世界経済の活況という追い風を受けて、実感がないといわれながら戦後最長の好況がつづきました。いざなみ景気とよばれるこの好況は、2008 年の夏、米国金融市場の混乱によっておわりました[26]。

　2019 年の GDP は 561 兆円です。GDP が 511 兆円であった 1994 年から 25 年を経て、GDP は 50 兆円高い水準にあります。2019 年末の国富は 3,689 兆円となり、過去最大であった 1997 年の国富を 22 年ぶりに上回りました。

　図表 1－12 は、平成期における GDP の実績と想定成長を比べたものです。左図から、もし 1994 年から 2％成長を続けていれば 2019 年の GDP は 838 兆円に、1％成長であっても 655 兆円になっていたことがわかります。右図は GDP の実績と想定成長との差を累計でみたものです。2％成長を続けていれば実績より 3,468 兆円多い付加価値が、1％成長であっても 1,350 兆円多い付加価値が生み出されていました。平成期の経済損失は世界史上稀にみる、想像を絶するものでした[27]。

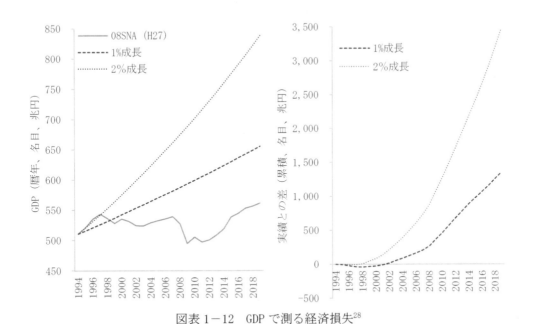

図表 1－12　GDP で測る経済損失[28]

---

[26] バブル崩壊からいざなみ景気までの経済動向については小峰編（2011b）を参照。

[27] 同期間、米国の名目 GDP は 2.4 倍ほどになった。よく「財源がない」と聞くが、財源がないのではなく経済成長がないのである。平成期の経済運営は点数のつけようがない。

[28] 内閣府経済社会総合研究所, 国民経済計算からデータを取得し作成。

補論　国民のための経済統計

　公的な経済統計は、中央省庁の統計官が統計の専門家と相談してデザインし、それにもとづき推計され、公表されます。公表された統計は学者、政治家、官僚、マスコミ、研究所のみならず、ひろく国民の利用に供されます。

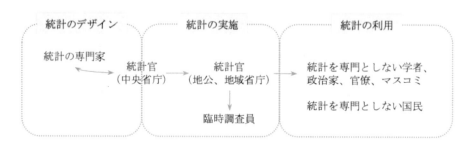

図表 1−13　統計調査のデザイン、実施、利用の流れ

　図表 1−14 は公的統計に投入される予算と職員を表しています。左図に示した予算は、国勢調査が実施された 2015 年度と 2020 年度を除いて、400 億円を下回っています。右図に示した統計職員数は、2011 年度の 1,496 人から 2015 年度の 1,393 人に減った後、2020年度の 1,472 人へ若干持ちなおしています。

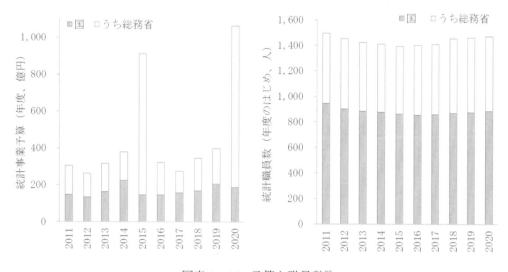

図表 1−14　予算と職員数[29]

---

[29] 総務省,国の統計事業予算、総務省,我が国の統計機構からデータを取得し作成。平成 27

統計の専門家は「精密できれいな統計」にこだわりますが、民主主義国の統計は、より
ひろい視野でその品質を評価すべきです。現行の予算と人員で無理なく調査を実施できる
か、臨時調査員やアンケートの回答者の負担が重くないか、統計を予算・法令・行政執行
およびこれらの効果測定に生かせているか、特別の訓練を受けていない一般の国民が理解
できるか、国民の利用度と統計にかける費用や人員にバランスを欠いていないかなども考
慮しなければなりません[30]。統計に投入される予算・時間・職員は国民の財産です。学
者、政治家、官僚の自己満足のためではなく、国民の生活のための、簡素で効果的な統計
を作らなければなりません[31]。

参考文献

・伊藤元重・榊原定征・高橋進・新浪剛史『GDP 統計を軸とした経済統計の改善に向けて』内閣府経済財政諮問
　会議，平成 28 年度第 17 回，説明資料 1 −2，2016 年。

・小峰隆夫編『バブル/デフレ期の日本経済と経済政策（歴史編）第 1 巻 日本経済の記録 ─第 2 次石油危機への
　対応からバブル崩壊まで─』佐伯印刷，2011 年(a)。

・小峰隆夫編『バブル/デフレ期の日本経済と経済政策（歴史編）第 2 巻 日本経済の記録 ─金融危機、デフレと
　回復過程─』佐伯印刷，2011 年(b)。

・下村治『日本経済成長論』中公クラシックス，2009 年。

・総務省『令和 2 年度総務省所管予算概算要求の概要』2019 年。

・総務省統括統計官（統計基準担当）『政府統計の仕組みと運用・調整の実態について』内閣官房，EBPM の
　ニーズに対応する経済統計の諸課題に関する研究会，第 1 回，配布資料 6 −1，2016 年。

・竹内啓「政府統計の役割と統計改革の意義」，国友直人・山本拓編『21 世紀の統計科学Ⅰ：社会・経済の統計
　科学』東京大学出版会，2008 年。

・統計委員会国民経済計算体系的整備部会・内閣府経済社会総合研究所国民経済計算部『国民経済計算の次回基
　準改定について』総務省，第 18 回国民経済計算体系的整備部会，資料 3，2019 年。

・統計委員会国民経済計算体系的整備部会・内閣府経済社会総合研究所国民経済計算部『国民経済計算の次回基

年度には 670 億円、令和 2 年度には 720 億円の国勢調査実施経費が要求された。首相官邸，
統計改革推進会議，第 5 回幹事会の議事要旨に「統計改革のために、103 名の人員が確保さ
れた」とある。美添（2019, p. 269）も参照。

[30] 専門家と一般の国民の間にある理解と意識の隔たりについては山本（2019）を参照。

[31] 事業所母集団データベース研究会の議論は試みのひとつとして注目される。回答負担の
少なさは、入力ミスや不誠実な回答を減らすことにもつながる。統計法 27 条を参照。
　国民の多くは「精密できれいな統計」より、コロナ禍のような危機への対応を行政に求
めているように思える。行政の努力のうちどれほどを統計に充てるべきか、総合的見地か
ら議論すべきである。この点については竹内（2008）を参照。

準改定について』総務省，第 19 回国民経済計算体系的整備部会，資料 2，2020 年。

・内閣府経済社会総合研究所国民経済計算部『2008SNA に対応した我が国国民経済計算について（平成 23 年基準版）』2016 年。

・内閣府経済社会総合研究所国民経済計算部『平成 27 年度国民経済計算年次推計の概要について』季刊国民経済計算，161，1-30，2017 年。

・内閣府経済社会総合研究所国民経済計算部『国民経済計算推計手法解説書（年次推計編）2015 年（平成 27 年）基準版』2021 年。

・内閣府経済社会総合研究所国民経済計算部『平成 23 年基準支出側 GDP 系列の 1980 年までの簡易遡及について』2018 年。

・野村浩二『資本の測定 ―日本経済の資本深化と生産性』慶應義塾大学出版会，2004 年。

・美添泰人「公的統計の課題と改革」，国友直人・山本拓編『統計と日本社会 データサイエンス時代の展開』第 13 章，東京大学出版会，253-271，2019 年。

・山岸圭輔『SNA のより正確な理解のために ～SNA に関し、よくある指摘について～』季刊国民経済計算，162，33-59，2017 年。

・山本拓「日本の私立大学文系の統計教育」，国友直人・山本拓編『統計と日本社会 データサイエンス時代の展開』補論 2，東京大学出版会，183-189，2019 年。

・European Commission, International Monetary Fund, Organization for Economic Co-operation and Development, United Nations, and World Bank, 2009, System of National Accounts 2008.

Reading List

・奥本佳伸『日本における国民所得推計の歩み』千葉大学経済研究，12，2，265-287，1997 年。

・経済企画庁『昭和 31 年年次経済報告』大蔵省印刷局，1956 年。

・総務省『統計法施行状況報告』各年度版。

・総務省『公的統計の整備に関する基本的な計画』第Ⅲ期基本計画，2018 年。

・総務省『先進的なデータ利活用の拠点「統計データ利活用センター」の開設』2018 年。

・総務省政策統括官（統計基準担当）『統計法施行状況報告』各年度版。

・内閣府ウェブサイト，統計情報・調査結果，国民経済計算（GDP 統計），歴史的資料 国民経済計算。

・内閣府経済社会総合研究所国民経済計算部『国民経済計算の平成 23 年基準改定の概要について ～2008SNA への対応を中心に～』季刊国民経済計算，161，31-48，2017 年。

・内閣府経済社会総合研究所国民経済計算部『国民経済計算の次回基準改定について』統計委員会国民経済計算体系的整備部会，2019 年。

・日本統計学会『公的統計に関する臨時委員会報告書』2019 年。

・谷沢弘毅『経済成長の誕生 ―超長期 GDP 推計の改善方向―』白桃書房，2019 年。

・Economic and Social Council, 2016, Report of the Wiesbaden Group on Business Registers, Statistical Commission, Forty-eighth session, United Nations.

第2章　コモディティ・フロー法

　SNA（国民経済計算）のうち、もっともひろく知られている統計は GDP です。図表 2−1 が示すように、GDP はコントロール・トータルという全体の一部として推計されます。GDP の推計のしかたには生産、分配、支出の 3 とおりありますが、本章では GDP（支出側）の推計のしかたを紹介します[32]。

図表 2−1　推計のイメージ[33]

1　コモディティ・フロー

　国内で生産されたモノは生産者から直接、または流通業者（卸売業者、小売業者）をとおして国内の買い手に届きます。海外で生産されたモノが輸入され国内の買い手に届くこともありますし、国内で生産されたモノが輸出され海外の買い手に届くこともあります。こうしたモノの流れをコモディティ・フローといいます。

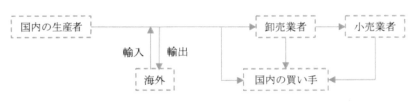

図表 2−2　コモディティ・フロー[34]

---

[32] GDP（生産側）と GDP（分配側）の推計については本書第 4 章を参照。
[33] 説明の便宜のために一般名詞であるコントロール・トータルを固有名詞として用いる。
[34] 内閣府経済社会総合研究所国民経済計算部（2021）の第 2 章図 2−1 を簡素化して作成。SNA は財貨およびサービスを商品（コモディティ）または生産物（プロダクト）と表記する。European Commission et al.（2009）の第 14 章節 14.2 によると、近年はプロダクト・フローとも表記するようである。European Commission et al.（2009）の第 2 章節 2.27 と 2.36、第 6 章節 6.14 と 6.85 を参照。持ち家の帰属家賃については本書第 10 章を、非市場生産者の生産については本書第 11 章を参照。

2　コントロール・トータル

　国内で生産されたモノの総額を国内の産出といい、流通にかかる輸送費や卸売・小売業の
マージンを運輸・商業マージンといいます。これらの合計をコントロール・トータルとしま
す[35]。

　図表2−3の左図はコントロール・トータルを品目別に集計したものです。400兆円を超
える製造業の品目が目立ちます。卸売・小売業の品目が少額なのは、中古品の取引にかかる
マージンなど特殊なものだけを卸売・小売業の品目に計上し、大半を他の品目の運輸・商業
マージンとして計上するためです[36]。

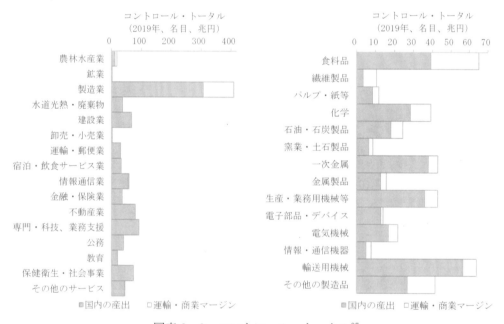

図表2−3　コントロール・トータル[37]

---

[35] 生産と産出の定義については European Commission et al.（2009）の第6章節6.85か
ら6.89を参照。商業マージンについては山岸（2019）を参照。本書は、国民経済計算年次
推計付表1の産出額と運輸・商業マージンの合計（総資本形成に係る消費税控除前）と、
経済活動別財貨・サービス産出表（V表）の総額をコントロール・トータルと表記する。

[36] 内閣府経済社会総合研究所国民経済計算部（2016, p. 38）のコスト的商業マージンとコ
スト的運賃を参照。「運輸・郵便業」についても同様である。European Commission et al.
（2009）の第6章節6.141から6.150を参照。

[37] 内閣府経済社会総合研究所, 国民経済計算からデータを取得し作成。図表の項目は産業
にみえるが品目である。左図の項目のうち「水道光熱・廃棄物」は電気・ガス・水道・廃
棄物処理業を、「専門・科技、業務支援」は専門・科学技術、業務支援サービスを表す。右
図の項目のうち「パルプ・紙等」はパルプ・紙・紙加工品を、「生産・業務用機械等」は
はん用・生産用・業務用機械を表す。以下の図表でも同様の略称を用いる。

農林水産業、鉱業、製造業、情報通信業、その他のサービスを除く品目にはマージンがありません。レストランの食事は店舗でいただきますし、習いごとは教室で受講します。これらの品目に流通業者はかかわりません[38]。図表 2−3 の右図は製造業のコントロール・トータルを表しています。食料品、化学、一次金属、はん用・生産用・業務用機械、輸送用機械、その他の製造品の品目が目立ちます。

　図表 2−4 はコントロール・トータルと品目数の関係を表しています。左図からコントロール・トータルが多い製造業の品目数が多いこと、右図から製造業の中でもコントロール・トータルが多い品目の品目数が多いことがわかります。

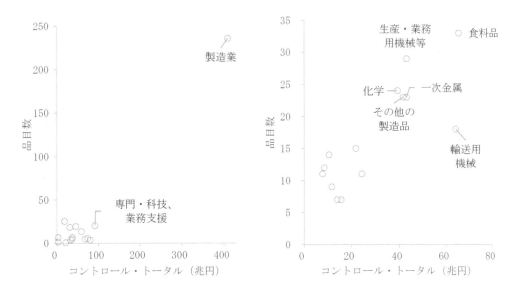

図表 2−4　コントロール・トータルと品目数[39]

　製造業の品目が多いのは、次ページの図表 2−5 のように、各品目の流通経路と使用先を特定するためです。品目数が少なく分類の目が粗いと、異なる流通経路と使用先を持つモノが同一品目に混在し、推計精度が落ちてしまいます[40]。

---

[38] 国民経済計算統計表の「0.0」は統計値が極小なのか、計測されない項目なのか注釈をつけていただければ幸いである。

[39] 内閣府経済社会総合研究所,国民経済計算、内閣府経済社会総合研究所国民経済計算部（2021）の第 2 章表 2−1 からコモ 6 桁商品数を取得し作成。櫻本（2012, p. 12）によれば、コモ 8 桁 2,100 品目の 8 割を製造業が占める。総務省,統計委員会,国民経済計算部会第 3 回の資料 4−1「工業統計調査を使用しない場合の SNA 確報推計の試算及び課題について」に経済産業省試算品目 1,722 品目、工業統計を利用しない品目 404 品目との記述がある。コモディティ・フロー法は運輸・流通マージンと在庫がある農林水産業、鉱業、製造業、情報通信業、その他のサービスの品目の推計精度を高めることをねらいとしている。

[40]「誰が何を作り、誰が買い、何に使ったか」を明確にすることが重要である。

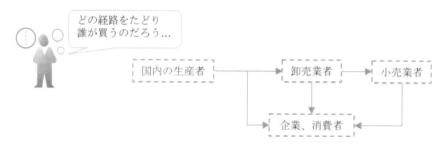

図表 2−5　流通経路と使用先の特定[41]

3　推計の手順

　コントロール・トータルから GDP（支出側）を取り出す作業を、出荷額の推計、国内総供給の推計、使用先への振り分け、微調整の順に説明します[42]。

◇出荷額の推計

　国内の産出の一部は、出荷を待つ製品在庫として生産者の手元にとどまります。生産の途上にある仕掛品も在庫として生産者の手元にとどまります。前期末の製品在庫のうち、今期出荷されるモノがあります。前期末の仕掛品在庫のうち、製品在庫になるモノ、製品在庫を経て出荷されるモノがあります。これらをふまえ、国内の産出から出荷額をよりわけます。

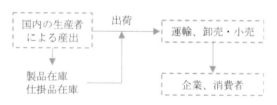

図表 2−6　国内の産出と出荷額

　国内の産出と運輸・商業マージンの和がコントロール・トータル（CT）であることに注意して、出荷額を式で表すと

$$出荷額（運輸・商業マージン込み）= CT - 製品・仕掛品在庫の変動$$

---

[41] 内閣府経済社会総合研究所国民経済計算部（2021, p. 6）、赤木（2018）を参照。田原（2017, p. 3）は携帯電話が一般消費者へ急速に普及したことを例に挙げている。
[42] 推計の詳細は本書の範囲を超える。ここでは、国民経済計算年次推計の理解を助ける説明を試みる。

◇国内総供給の推計

　国内の買い手に届くモノには輸入品が含まれます。私たちは海外から食品やブランド品を買うことがありますし、企業は海外から鉄鉱石や原油を買うことがあります。それで、出荷額に輸入を加えます。国内の買い手が払う価格には関税などの税が含まれますので、それらを輸入に加えます。国内で生産されたモノのうち、輸出されるモノは国内の買い手に届きません。それで、出荷額から輸出を除きます。

　図表2−7の左図は輸出、輸入、輸入品に課される税・関税を品目別に表しています。製造業は輸出、輸入ともに額が多いです。鉱業の輸入が多いのは原油、鉄鉱石、レアアースなどが日本でほとんど採れないためです。製造業の品目別に示した右図をみると、輸出が多いのははん用・生産用・業務用機械と輸送用機械です。輸入は多くの品目で5〜10兆円です。

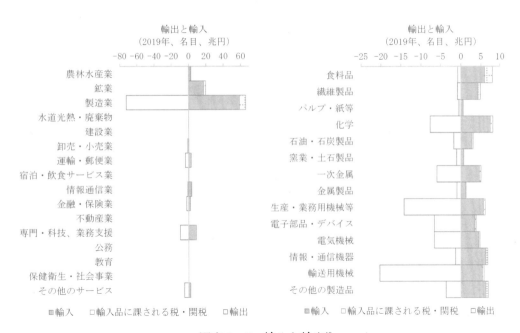

図表2−7　輸入と輸出[43]

　国内の買い手に流れるモノの総額を国内総供給といいます。式で表すと[44]

$$国内総供給 = CT - 製品・仕掛品在庫の変動 + 輸入 + 輸入品に課される税・関税 - 輸出$$

---

[43] 内閣府経済社会総合研究所，国民経済計算からデータを取得し作成。国内で使用されない輸出に負の符号を、国内で使用される輸入に正の符号を付けて掲げた。

[44] 輸入は梱包・通関費用、保険料、貨物運賃を含む価格（Cost, Insurance and Freight：c.i.f.）で、輸出はこれらを含まない価格（Free on Board：f.o.b.）で測る。

◇使用先への振り分け

　国内総供給を国内の使用先へ振り分けます[45]。使い切るモノは消費に振り分けます。たとえば、食べてしまうとなくなる食料、使い切るとなくなる鉛筆、試合が終わると効力を失うスポーツ観戦のチケットは消費に振り分けます。消費は企業等が購入する中間消費と私たちが購入する最終消費支出に分かれます。中間消費には企業等が生産に投入する原材料、部品、電気、ガス、水道、事務用品などが振り分けられます[46]。中間消費は図表2-1の「差し引かれる部分」にあたります。

　1年を超えて使い続けられるモノは総固定資本形成に振り分けます。たとえば、工場の製造ラインに並ぶ工作機械、企業が情報処理に用いるコンピューターや通信網は総固定資本形成に振り分けます。卸売業者の倉庫や小売業者のバックヤードにある在庫は流通在庫に、工場で製造ラインに投入されるのを待つ原材料は原材料在庫に振り分けます。

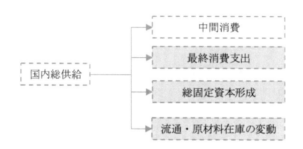

図表2-8　国内総供給の振り分け

　図表2-9の左図は国内総供給の使用先を表しています。中間消費の比率が高いのは農林水産業、鉱業、製造業、電気・ガス・水道・廃棄物処理業、情報通信業、専門・科学技術、業務支援サービスの品目であり、最終消費支出の比率が高いのは宿泊・飲食サービス、不動産業、公務、教育、保健衛生・社会事業、その他のサービスの品目です。総固定資本形成の比率が高いのは建設業の品目です。在庫変動は総じて少額であり、多くの品目で0です。右図は製造業の品目の使用先を表しています。多くの品目で中間消費の比率が高いことがわかります。最終消費支出の比率が高いのは食料品と繊維製品の品目、総固定資本形成の比率が高いのははん用・生産用・業務用機械の品目です[47]。

---

[45] European Commission et al.（2009）の第1章節1.51から1.53を参照。
[46] 文房具や工具には1年を超えて使い続けるものもあるが、少額であるため中間消費に振り分ける。European Commission et al.（2009）の第6章節6.213から6.239を参照。
[47] 左図の鉱業の最終消費支出と総固定資本形成が負値であることに留意する。右図の製造業のいくつかの品目についても同様である。屑・副産物の取り扱い（取引基本表の行から列を正、列から行を負と記録するストーン方式）については総務省，取引基本表の特殊な取扱いを参照。

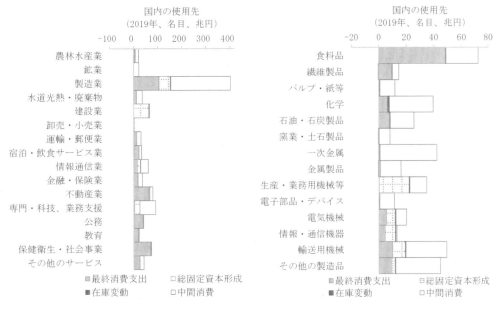

図表 2−9　国内の使用先[48]

国内の使用先への振り分けを式にすると次のようになります。

$$国内総供給 = CT - 製品・仕掛品在庫の変動 + 輸入 + 輸入品に課される税・関税 - 輸出$$
$$= 中間消費 + 最終消費支出 + 総固定資本形成 + 流通・原材料在庫の変動$$

◇微調整

国内総供給を使用先へ振り分けるところまで作業しました。

$$CT - 製品・仕掛品在庫の変動 + 輸入 + 輸入品に課される税・関税 - 輸出$$
$$= 中間消費 + 最終消費支出 + 総固定資本形成 + 流通・原材料在庫の変動$$

　この式を組み替え、微調整をして GDP（支出側）を得ます。左辺の項のうち、輸入は国内の生産者が生産したモノではありませんので、GDP を推計するとき減じます。一方、輸出と製品・仕掛品在庫の変動には国内の生産者が生産したモノが計上されますので、GDP を推計するとき加えます。右辺の項のうち、中間消費は生産に使われるモノですので、GDP を推計するとき減じます。これらを移項すると

---

[48]　内閣府経済社会総合研究所，国民経済計算からデータを取得し作成。図中の在庫変動は製品在庫と仕掛品在庫を含む。在庫変動については本書第 3 章の図表 3−15 を参照。

$$CT + \text{輸入品に課される税・関税} - \text{中間消費}$$
$$= \text{最終消費支出} + \text{総固定資本形成} + \text{流通・原材料在庫の変動}$$
$$+ \text{製品・仕掛品在庫の変動} + (\text{輸出} - \text{輸入})$$

総固定資本形成、流通・原材料在庫の変動、製品・仕掛品在庫の変動をまとめて総資本形成と表記すると

$$CT + \text{輸入品に課される税・関税} - \text{中間消費} = \text{最終消費支出} + \text{総資本形成} + (\text{輸出} - \text{輸入})$$

さいごに、総資本形成に係る消費税を総資本形成から控除します。消費税には仕入税額控除という制度があります。これは、生産物の製造と流通にかかわる企業が分担して消費税を納めるとき、仕入れに係る税を控除するしくみです。このしくみを加味して推計することを修正グロス方式といいます。日本国の GDP は修正グロス方式で推計されます。

$$GDP(\text{支出側}) = CT - \text{中間消費} + \text{輸入品に課される税・関税} - \text{総資本形成に係る消費税}$$
$$= \text{最終消費支出} + (\text{総資本形成} - \text{総資本形成に係る消費税}) + (\text{輸出} - \text{輸入})$$

上式は、コントロール・トータルから中間消費を差し引き、税を調整して GDP（支出側）を得ることを表しています。図表 2−10 は 2019 年の GDP（支出側）です。GDP（支出側）については次章で詳述します。

図表 2−10　GDP（支出側）[49]

---

[49] 内閣府経済社会総合研究所, 国民経済計算からデータを取得し作成。図中の最終消費支出は国内概念の値であり、純輸出はコモディティ・フロー法に用いる貿易統計等にもとづく推計値であることに留意する。国民概念の最終消費支出と国際収支統計にもとづく純輸出については本書第 3 章の図表 3−1 を参照。European Commission et al.（2009）の第 1章節 1.58 は国際収支統計との調和や整合性を説いているが、貿易統計のみを用いたほうが紛れが少なくなるとも思われる。ただし記録のタイミング（通関通過時点か否か）等考慮

補論　修正グロス方式

　消費税の税率が 10% だとしましょう。アウトレットが税抜き価格 3,000 円で洋服を仕入れ、税抜き価格 5,000 円で売るとき、仕入価格は3,000 円 × 10% = 300 円の消費税を含む 3,300 円、小売価格は5,000 円 × 10% = 500 円の消費税を含む 5,500 円です。仕入と販売に係る消費税は合計で 800 円です。このように、売買すべてを消費税込みで記録することをグロス方式といいます。

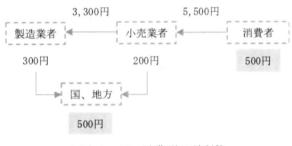

図表 2−11　消費税の納付[50]

　消費税は、仕入に係る税を控除して納めます。図表 2−11 の例では、アウトレットが納める消費税は 500 円ではなく、500 円から洋服の製造業者に払う消費税 300 円を差し引いた 200 円です。300 円分の消費税は、アウトレットではなく、税込みで支払いを受けた洋服の製造業者が納めます。アウトレットと洋服の製造業者が納める税の総額は 500 円です。グロス方式で記録する税額 800 円とは、300 円の差があります。

$$\underbrace{500 \text{円}}_{\substack{消費者が \\ 払う税額}} = \underbrace{200 \text{円}}_{\substack{アウトレット \\ の納税額}} + \underbrace{300 \text{円}}_{\substack{製造業者 \\ の納税額}}$$

　国民経済計算では、消費税込みのグロス方式でコントロール・トータルを記録します。GDP を推計するときには、税額が実際の納税額と等しくなるように、コントロール・トータルで過大評価した税額を修正します[51]。それで、修正グロス方式といいます。

すべき別の問題がある。
[50] 消費税については国税庁, タックスアンサー, 消費税を参照。グロス方式の生産者価格については European Commission et al. (2009) の第 6 章節 6.59 から 6.63 を参照。
[51] 住宅と一般政府については消費税が課されないものとして扱う。2019 年暦年の総固定資

参考文献

・赤木茅『階層クラスタリング手法を用いたコモディティ・フロー法における配分比率の安定性に対する産業連関表の行部門統合に係る影響の検証』ESRI リサーチノート，2018 年。

・櫻本健『日本の国民経済計算体系における供給使用表年表に関する研究』New ESRI Working Paper, 26, 2012 年。

・田原慎二『JSNA の支出側・生産側推計における 2008SNA への対応について』季刊国民経済計算，162, 1-24, 2017 年。

・内閣府経済社会総合研究所国民経済計算部『2008SNA に対応した我が国国民経済計算について（平成 23 年基準版）』2016 年。

・内閣府経済社会総合研究所国民経済計算部『国民経済計算推計手法解説書（年次推計編）2015 年（平成 27 年）基準版』2021 年。

・山岸圭輔『供給・使用表の推計における品目別商業マージンの把握に向けて ―価格情報を活用したガソリンの商業マージン推計の検討―』ESRI リサーチ・ノート，2019 年。

・European Commission, International Monetary Fund, Organization for Economic Co-operation and Development, United Nations, and World Bank, 2009, System of National Accounts 2008.

Reading List

・各府省統計主管課長等会議申合せ『統計調査における売上高等の集計に係る消費税の取扱いに関するガイドライン』2017 年。

・葛城麻紀『「建設コモディティ・フロー法」の見直しについて』季刊国民経済計算，151, 33-40, 2013 年。

・櫻本健『供給使用システムに基づくビッグデータの活用に必要な環境：GDP 推計と付加価値税の関係を中心に』立教経済学研究，70, 1, 41-63, 2016 年。

・総務省政策統括官（統計基準担当）付統計企画管理官室『統計調査における売上高等の集計に係る消費税の取扱いに関するガイドラインについて ―ガイドラインの概要・適用状況―』2019 年。

・内閣府経済社会総合研究所国民経済計算部『統合比率について』第 1 回国民経済計算体系的整備部会準備会合，配布資料 2-1，2018 年。

・内閣府経済社会総合研究所国民経済計算部『統合比率に関する追加検証』第 1 回国民経済計算体系的整備部会準備会合，配布資料 2-4，2018 年。

・内閣府経済社会総合研究所国民経済計算部『国民経済計算の 2015 年（平成 27 年）基準改定について』季刊国民経済計算，166, 1-8, 2020 年。

・八塩裕之・長谷川裕一『わが国家計の消費税負担の実態について』経済分析，182, 25-47, 2009 年。

本形成に係る消費税は 7 兆 493 億円、在庫変動に係る消費税は 1,981 億円であった。

第 3 章　GDP（支出側）

　図表 3−1 は 2019 年の GDP（支出側）を表しています。GDP（支出側）は最終消費支出、総資本形成、純輸出からなります。本章ではこれらの要素について詳しくみます。

図表 3−1　GDP（支出側）[52]

1　最終消費支出

　最終消費支出は家計、対家計民間非営利団体、政府の最終消費支出に分かれます。家計とは消費者を世帯単位でみたものです。対家計民間非営利団体とは営利を目的とせず家計にサービスを提供する私立学校、社会福祉事業所、労働組合、政党、宗教団体などです[53]。政府とは中央政府、地方政府、社会保障基金です。

　消費するのは私たち家計なのに、対家計民間非営利団体と政府の項目があるのはなぜでしょうか。次ページの図表 3−2 はそれを説明するためのものです。家計は費用の一部を直接負担せず消費することがあります。たとえば、私立学校で教育を受けるとき授業料を納めますが、授業料だけでは教育にかかる費用をまかなえません。不足分は私学助成金や寄付金で補っています。病院で診察してもらうとき診察料を払いますが、診察料だけでは医療にかかる費用をまかなえません。不足分は政府が補っています。こうした補填分が対家計民間非営利団体と政府の最終消費支出に計上されます。

---

[52] 内閣府経済社会総合研究所，国民経済計算からデータを取得し作成。図中の最終消費支出は国民概念の値であり、純輸出は国際収支統計にもとづく値である。
[53] 内閣府経済社会総合研究所国民経済計算部（2021, pp. 61-62）によれば、対家計民間非営利団体とは「個人、会社、国、公共企業体及び地方公共団体である事業所を除いた」政府が支配しない非市場生産者である。私立学校が対家計民間非営利団体に分類されることについては、総務省，統計委員会，第 16 回国民経済計算部会，資料 1 を参照。

図表 3－2　最終消費支出[54]

　図表 3－3 は最終消費支出を表しています。1995 年と比べて、2019 年の家計最終消費支出は 28 兆円、対家計民間非営利団体最終消費支出は 2 兆円、政府最終消費支出は 32 兆円増えました。以下、家計、対家計民間非営利団体、政府の最終消費支出を詳しくみます。

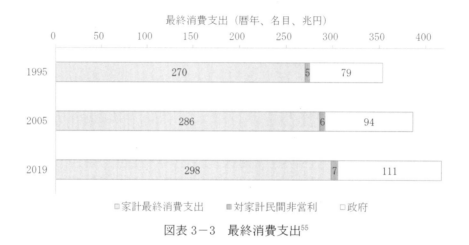

図表 3－3　最終消費支出[55]

◇家計

　家計最終消費支出は国内家計最終消費支出と居住者の純購入からなります。国内家計最終消費支出とは、日本国内で消費に支出された額です。これを国内概念の最終消費支出といいます。これに対して日本に住む人が消費に支出した額を国民概念の最終消費支出といいます。

　第 2 章で説明したコモディティ・フロー法の最終消費支出は国内概念ですが、GDP（支出側）の最終消費支出は国民概念です。図表 3－4 に掲げる居住者の純購入は最終消費支出を国内概念から国民概念へ変換するための項目です。

---

[54] European Commission et al.（2009）の第 2 章節 2.103 を参照して作成。
[55] 内閣府経済社会総合研究所,国民経済計算からデータを取得し作成。最終消費支出の計測については European Commission et al.（2009）の第 6 章節 6.64 から 6.68 と第 9 章節 9.2、節 9.33 と 9.34、節 9.74 から 9.77 を参照。

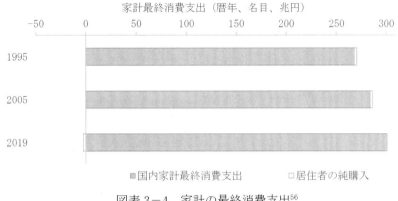

図表 3−4　家計の最終消費支出[56]

　居住者の純購入について理解するには、居住者という言葉の意味を知る必要があります。外国為替及び外国貿易法は、居住者と非居住者を図表 3−5 のように分類しています。

居住者	日本人、日本国内の事務所に勤務している外国人、6 か月以上滞在している外国人、外国法人の日本支店、在外日本公館
非居住者	外国人、外国の事務所に勤務している日本人、2 年以上外国に滞在する日本人、日本法人の外国支店、在日外国公館、国際機関、在日米軍

図表 3−5　居住者と非居住者[57]

　この定義にしたがい純購入を記録します。たとえば、日本人がイタリアに旅行するとき、居住者家計の海外での直接購入に計上します。アメリカ人旅行者が京都観光をするとき、非居住者家計の国内での直接購入に計上します。

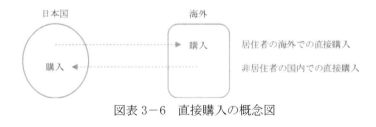

図表 3−6　直接購入の概念図

---

[56] 内閣府経済社会総合研究所,国民経済計算からデータを取得し作成。家計最終消費支出については European Commission et al. (2009) の第 9 章節 9.56 から 9.83 を参照。
[57] 日本銀行国際局国際収支課外為法手続グループ (2020, p.3)、外国為替法令の解釈及び運用について (昭和 55 年 11 月 29 日付蔵国第 4672 号)、European Commission et al. (2009) の第 4 章節 4.32 と 4.37 を参照して作成。

図表3−7は直接購入を表しています。1995年と比べて、2019年の居住者の海外での直接購入は1兆円減り、非居住者の日本での直接購入は4兆円増えました。

家計の直接購入（暦年、名目、兆円）

■居住者の海外での直接購入　□非居住者の国内での直接購入

図表3−7　家計の直接購入[58]

　図表3−8は国内家計最終消費支出の内訳を表しています。左図は支出額を目的別にみたものです。1995年と2019年を比べましょう。生活の基礎となる衣食住についてみると、衣に関連する被服・履物は7兆円減り、食に関連する食料・非アルコール飲料とアルコール飲料・たばこは3兆円増えました。住に関連する住居・電気・ガス・水道は18兆円増え、家具・家庭用機器・家事サービスは2兆円減りました。個別ケア・社会保護は高齢化を反映して8兆円増え、情報・通信は情報化を反映して6兆円増えました。娯楽・スポーツ・文化は5兆円減りました。

　右図は支出額を形態別にみたものです。1995年と2019年を比べましょう。家具、自動車、テレビ、パソコン、時計を含む耐久財の消費額は1兆円減りました。衣服、靴、食器、スポーツ用品、書籍を含む半耐久財の消費額は7兆円減りました。食品、酒類、水道光熱費、医薬品、燃料、文房具を含む非耐久財は8兆円増えました。クリーニング代、住宅賃貸料、診察料、介護の利用料、交通機関の運賃、通信料、旅行、金融サービスを含むサービスは33兆円増えました。

　24年も経てば消費額は1.5倍くらいになるのがふつうですが、平成期の消費は停滞しました。目立って増えたのは家賃と水道光熱費、医療と介護、そして消費税です[59]。

---

[58] 内閣府経済社会総合研究所,国民経済計算からデータを取得し作成。非居住者の国内での直接購入は負の符号を付けて掲げた。家計の直接購入が輸出と輸入に繰り入れられることについては本章後段で説明する。日本政府観光局,訪日外客者数によると2019年の来日外客数は3,188万人であった。2020年以降コロナ禍により訪日外客者数は激減している。
[59] 消費額は消費税込みであることに留意する。消費税率は1995年に3%、2005年に5%、2019年9月まで8%、2019年10月から一部商品を除いて10%であった。

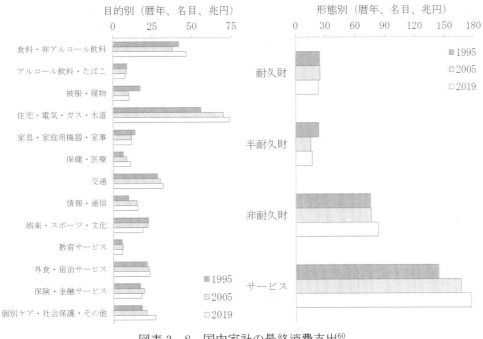

目的別（暦年、名目、兆円）　　　　　　　形態別（暦年、名目、兆円）

図表 3−8　　国内家計の最終消費支出[60]

◇対家計民間非営利団体

　次ページの図表 3−9 は対家計民間非営利団体の最終消費支出を表しています。教育の項目の多くは私学助成金と寄付金だと考えられます[61]。その他の多くは介護サービスなどを提供する費用のうち、家計が直接負担しない分だと考えられます[62]。1995 年度と比べて、2019年度の教育は 1 兆 4,000 億円、その他は 1 兆 1,000 億円増えました。

◇政府

　図表 3−10 は政府最終消費支出を表しています。政府最終消費支出はサービスの受け手を特定できる個別消費と、サービスの受け手が日本国民一般である集合消費に分かれます。

---

[60] 内閣府経済社会総合研究所, 国民経済計算からデータを取得し作成。左図はコモ 8 桁分類を目的別に 88（さらに 12）分類し、右図はコモ 8 桁分類を形態別に 4 分類している。内閣府経済社会総合研究所国民経済計算部（2021）の第 7 章表 7−1 を参照。右図のサービスの増加の過半は左図の住居・電気・ガス・水道の増加と対応する。持ち家の帰属家賃については本書第 9 章を参照。

[61] 多田・小林（2014）、内閣府, 国民経済計算次回基準改定に関する研究会第 10 回（平成 26年 7 月 4 日）の資料 5「次回基準改定における私立学校の扱いについて」も参照。European Commission et al.（2009）の第 1 章節 1.54 と 1.55 によれば、教育など人的資本への投資は消費（教育機関による教育は最終消費支出、企業内教育は中間消費）に分類される。

[62] 内閣府, 民間非営利団体実態調査を参照。産業中分類「85 社会保険・社会福祉・介護事業」は民間の保育所、老人ホーム、介護施設、訪問介護事業、障害者福祉事業を含む。

1995 年度と比べて、2019 年度の個別消費は 26 兆円、集合消費は 7 兆円増えました。

図表 3−9　対家計民間非営利団体の最終消費支出[63]

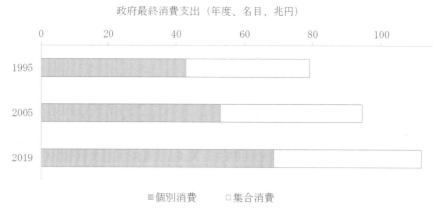

図表 3−10　政府の最終消費支出[64]

　図表 3−11 は政府の最終消費支出を部門別・機能別に表しています。左図の個別（市場）には、私たちに提供するモノを政府が市場で購入する金額を計上します。たとえば、医療や介護のサービスは、社会保障基金が購入して私たちに提供するとみなして、社会保障基金の個別（市場）に計上します。これは、右図の保健・社会保護の増加に対応します。個別（非市場）には、私たちにモノを提供するのにかかる費用を計上します。たとえば、教育サービスを提供する公立小中学校の先生の人件費は地方政府の個別（非市場）に計上します。これ

[63] 内閣府経済社会総合研究所, 国民経済計算からデータを取得し作成。暦年計数が公表されないため年度計数を掲げた。

[64] 内閣府経済社会総合研究所, 国民経済計算からデータを取得し作成。暦年計数が公表されないため年度計数を掲げた。一般政府の分類は内閣府経済社会総合研究所（2016）の巻末資料 3 を参照。

は右図の個別・教育に対応します[65]。

　集合消費には、中央政府で外交や防衛など各種政策に携わる国家公務員、地方政府で転入転出の手続きや地域活性化に携わる地方公務員、社会保障基金の事務を担当する職員の人件費などを計上します。

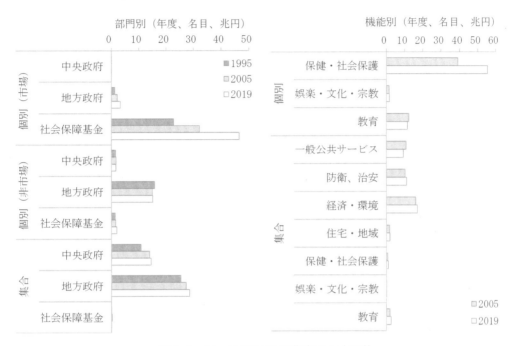

図表 3-11　政府最終消費支出の内訳[66]

2　総資本形成

　総資本形成は企業設備、住宅、一般政府、在庫変動からなります。企業設備には民間企業による設備の購入や国公立の大学病院による設備の購入などを計上します。住宅には民間部門による住宅の建設や公的部門による宿舎の建設などを計上します。一般政府には道路を敷いたり橋を架けたりする公共投資を計上します。在庫変動には生産と流通の途上にあ

---

[65] 義務教育の教科書代は個別（市場）に計上される。内閣府経済社会総合研究所国民経済計算部（2016）の節 3.96 を参照。右図の集合・教育の項目については内閣府経済社会総合研究所国民経済計算部（2016）の巻末資料 6 を参照。教育行政などを担当する公務員の人件費等のようである。

[66] 内閣府経済社会総合研究所, 国民経済計算からデータを取得し作成。右図の防衛、治安とは防衛と公共の秩序・安全であり、住宅・地域とは住宅・地域アメニティである。右図の機能別政府支出は 1995 年度のデータが公表されていないため、2005 年度と 2019 年度のデータを掲げた。

る在庫の増減を計上します。

　図表3−12は総資本形成を表しています。1995年と比べて、2019年の住宅は9兆円、一般政府は11兆円減りました。在庫変動には大きな変化がみられず、企業設備は3兆円増えました。24年もの時を経て経済のエンジンである総資本形成が減るのは異例のことです。

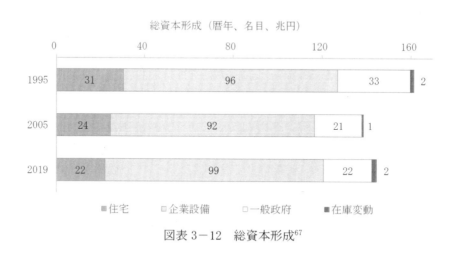

図表3−12　総資本形成[67]

　総資本形成についてもう少し詳しくみましょう。図表3−13は住宅と企業設備の内訳を表しています。1995年と2019年を比べて減少が目立つのは、住宅、構築物、情報通信機器です。住宅の減少は少子高齢化を反映し、構築物と情報通信機器の減少は情報化投資が一巡したことを反映していると考えられます。1995年には、普及しはじめたコンピューターや携帯電話などの電子・情報機器に関連する投資が多くみられました。それにともない電信システムや通信網も多く導入されました。2019年には、コンピューターなどの導入費用が大幅に下がり、通信網も整備され、多額の投資が必要なくなりました。1995年と2019年を比べて増加が目立つのは、研究開発とソフトウェアです。整備された情報通信網の上で動くソフトウェアの開発が盛んになり、新たな価値創造を求めて研究開発も盛んになりました[68]。

　図表3−14は一般政府の内訳を表しています。1995年と比べて、2019年の構築物が大幅に減ったことが目立ちます。これは、公共投資が削減されたことを反映しています[69]。

---

[67] 内閣府経済社会総合研究所,国民経済計算からデータを取得し作成。総資本形成に係る消費税控除後の値を掲げた。住宅、企業設備、在庫変動は民間部門と公的部門の和である。総固定資本形成に含まれる所有権移転費用については田原・須賀（2015）を参照。
[68] 対応する固定資本ストックマトリックスは本書第7章の図表7−4を参照。なお、この段落の内容は統計当局の公式見解ではなく、データから推測されることを筆者がまとめたものである。「推測」を許さない詳細データの公表が望まれる。
[69] 対応する固定資本ストックマトリックスは本書第7章の図表7−5を参照。

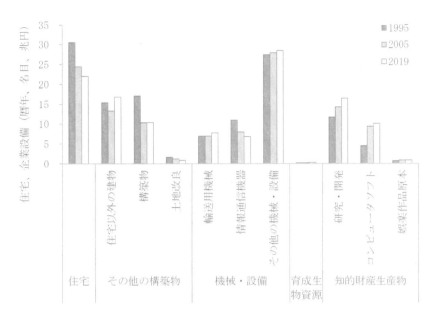

図表 3−13　固定資本マトリックス（住宅と企業設備）[70]

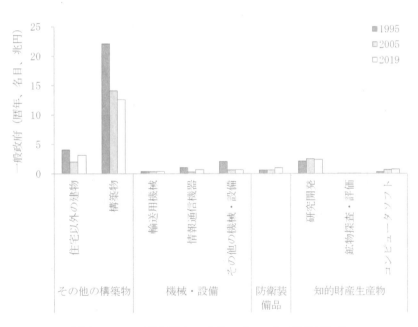

図表 3−14　固定資本マトリックス（一般政府）[71]

---

[70] 内閣府経済社会総合研究所, 国民経済計算からデータを取得し作成。構築物の内訳については内閣府経済社会総合研究所国民経済計算部（2021）の第11章表11−1を参照。

[71] 内閣府経済社会総合研究所, 国民経済計算からデータを取得し作成。平成27年基準改定で7.5兆円規模の改装・改修が固定資本形成に計上されるようになった。

図表3−15は在庫変動の内訳を表しています。在庫変動とは、前年末と本年末の在庫残高の差です。在庫は、生産と流通の段階によって原材料在庫、仕掛品在庫、製品在庫、流通在庫に分かれます。左図をみると生産と流通の各段階にある在庫は年々変動していることがわかります。右図は品目別の在庫変動を表しています。在庫があるのは農林水産業、鉱業、製造業、情報通信業の品目です[72]。製造業の品目の在庫変動が目立ちます。

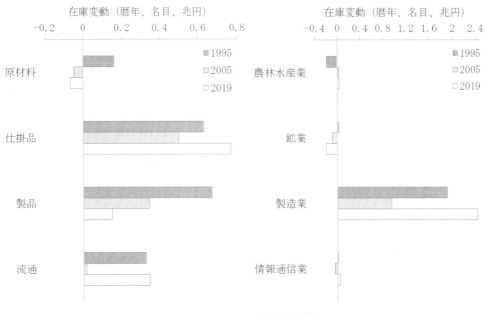

図表3−15　在庫変動[73]

3　輸出と輸入

　純輸出とは輸出と輸入の差額です。図表3−16は輸出と輸入を表しています。輸出は、製品や原材料の販売を計上する財貨の輸出と、来日する旅行者が払うツアー代金などを計上するサービスの輸出に分かれます。輸入は、製品や原材料の購入を計上する財貨の輸入と、海外旅行のツアー代金などを計上するサービスの輸入に分かれます。1995年と比べて、2019年の財貨の輸出は36兆円、サービスの輸出は15兆円、財貨の輸入は48兆円、サービスの輸入は10兆円増えました。

---

[72] 統計表をみるかぎり、図表に掲げていない品目には在庫変動がないようである。
[73] 内閣府経済社会総合研究所,国民経済計算からデータを取得し作成。総資本形成に係る消費税控除前の値を掲げた。在庫品評価調整については本書本章補論を参照。本書第2章の図表2−3では在庫がないその他のサービス業に運輸・商業マージンがついていた。これはお中元や冠婚葬祭など、在庫が生じない手数料サービスによるものと伺った。

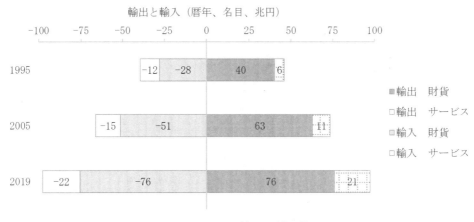

図表 3-16　輸出と輸入[74]

　図表 3-17 はサービスの輸出と輸入の内訳を表しています。近年の円安を反映して、来日旅行者へのサービスを計上するサービスの輸出は増え、海外旅行する私たちが受けるサービスを計上するサービスの輸入は減りました。また、ICT の発達にともなうソフトウェア開発の海外委託などを計上する情報通信の輸入が増えました。

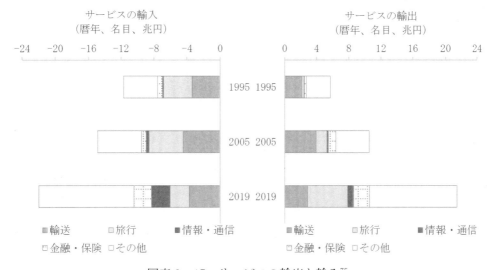

図表 3-17　サービスの輸出と輸入[75]

---

[74] 内閣府経済社会総合研究所,国民経済計算からデータを取得し作成。輸入は GDP 推計の控除項目であるため負の符号を付けて掲げた。貿易統計を用いるコモディティ・フロー法では輸入は c.i.f 建て、国際収支統計を用いる GDP（支出側）では輸入も f.o.b 建てである。内閣府経済社会総合研究所国民経済計算部（2021, p.73）の脚注 23 を参照。c.i.f. 建ての輸入額を f.o.b. 建てに変換する作業については日本銀行国際局（2005）を参照。
[75] 内閣府経済社会総合研究所,国民経済計算からデータを取得し作成。財貨の輸出入について、大分類でも内訳項目があると利便性が高まる。この点、金融面に軸足をおいた国際収支

家計最終消費支出の項で説明しましたが、GDP の最終消費支出は国民概念です。しかし、GDP の総額はあくまで国内概念です。この矛盾を解消すべく、最終消費支出の付加項目である居住者家計の海外での直接購入を旅行サービスの輸入に繰り入れ控除します。同様に、最終消費支出の控除項目である非居住者家計の国内での直接購入を旅行サービスの輸出に繰り入れ付加します。

　図表 3−18 は、2019 年を例に、この調整のようすを表しています。輸入側には居住者家計の海外での直接購入 1 兆 9,620 億円が加えられます。輸出側には非居住者家計の国内での直接購入 4 兆 5,719 億円が加えられます。その他の調整額も加味して GDP の輸出入の額が推計されます。

	輸入	輸出
コモ法の値	98 兆　523 億円	94 兆 8476 億円
直接購入	1 兆 9,620 億円	4 兆 5,719 億円
その他	2 兆 3,761 億円	−1 兆 9,559 億円
GDP の値	97 兆 6,383 億円	97 兆 4,636 億円

図表 3−18　コモ法と GDP の輸出入[76]

補論　在庫品評価調整

　在庫変動は在庫残高の前期末と当期末の差です。SNA（国民経済計算）では、企業の帳簿に記される在庫残高（簿価）を時価に変換して在庫変動を推計します。簿価で測った当期末の在庫残高を $S_{当期末}$、簿価で測った前期末の在庫残高を $S_{前期末}$ とおくと、簿価の在庫変動は

$$在庫変動_{簿価} = S_{当期末} - S_{前期末}$$

　上式から算出された値を、在庫残高デフレーターという価格指数を用いて時価に変換します。この手続きを在庫品評価調整といいます。当期末の在庫残高デフレーターを $D_{当期末}$、

統計には限界がある。財別、取引通貨別の貿易については財務省, 貿易統計, 最近の輸出入動向、財務省, 貿易取引通貨別比率を参照。

[76] 内閣府経済社会総合研究所, 国民経済計算からデータを取得し作成。表中の「その他」は付 1 と主 1 の差のうち直接購入以外の項目である。加工貿易については葛城・小嶋（2014）を参照。

前期末の在庫残高デフレーターを$D_{前期末}$、当期の期中平均在庫デフレーターを$D_{期中平均}$とおくと、在庫品評価調整後の在庫変動は

$$在庫変動_{SNA} = \left(\frac{S_{当期末}}{D_{当期末}} - \frac{S_{前期末}}{D_{前期末}}\right) \times D_{期中平均}$$

この式から算出される在庫変動は、デフレーターの変動に強い影響を受けます。たとえば、簿価で計測した在庫残高が前期末、当期末とも200であるとしましょう。期中に在庫品の価格が半減し、デフレーターが100から50へ変化すると、在庫品評価調整後の在庫変動は

$$在庫変動_{SNA} = \left(\frac{200}{50} - \frac{200}{100}\right) \times 75$$

簿価が変わらないのに在庫変動の値は150となります。在庫変動を読み解くとき、このような性質を理解しておかねばなりません。図表3−19の左図は在庫変動の簿価、時価、在庫品評価調整額を表しています。興味深いことに、多くの年で簿価と調整額の符号が異なります。右図をみると、2008年、2009年など短期に激しい経済変動がみられた年を除くと、在庫品評価調整額は在庫変動のデフレーターと連動しているようです。

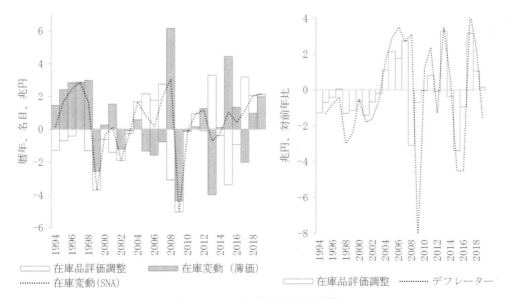

図表3−19　在庫品評価調整[77]

---

[77] 内閣府経済社会総合研究所,国民経済計算からデータを取得し作成。在庫変動（簿価）

参考文献

・葛城麻紀・小嶋秀人『加工貿易に係る 2008SNA 勧告への対応の在り方について』季刊国民経済計算，155，67-77，2014 年。

・多田洋介・小林裕子『2008SNA を踏まえた対家計民間非営利団体の位置付けについての論点整理 ―私立学校の JSNA 上の取扱いを中心に―』季刊国民経済計算，154，69-88，2014 年。

・田原慎二・須賀優『所有権移転費用に係る 2008SNA 勧告への対応に向けて』季刊国民経済計算，156，43-58，2015 年。

・時子山真紀『第一次年次推計における代替推計』季刊国民経済計算，162，25-32，2017 年。

・内閣府経済社会総合研究所国民経済計算部『2008SNA に対応した我が国国民経済計算について（平成 23 年基準版）』2016 年。

・内閣府経済社会総合研究所国民経済計算部『国民経済計算推計手法解説書（年次推計編）2015 年（平成 27 年）基準版』2021 年。

・日本銀行国際局『国際収支統計における海上貨物運賃および貨物保険料の計上方法の見直しについて』2005 年。

・日本銀行国際局国際収支課外為法手続グループ『外為法 Q&A（資本取引編）』2020 年。

・European Commission, International Monetary Fund, Organization for Economic Co-operation and Development, United Nations, and World Bank, 2009, System of National Accounts 2008.

Reading List

・大岡新吾『「機械受注統計」受注額の設備投資額に対する割合について』ESRI リサーチノート，28，2016 年。

・国土交通省総合政策局情報政策課建設経済統計調査室『国土交通省関連分野課題の進捗状況について』第 14 回国民経済計算体系的整備部会 SUT タスクフォース会合，資料 2，2019 年。

・小林裕子『国民経済計算における特許権等の取扱いについて ―R&D 資本化を踏まえた課題と展望―』季刊国民経済計算，154，23-68，2014 年。

・小林裕子『R&D の資本化に係る 2008SNA 勧告への対応に向けて』季刊国民経済計算，159，15-67，2016 年。

・小林裕子『SNA における非市場の教育サービスの実質アウトプットの計測について 〜産出数量法による暫定的な試算〜』季刊国民経済計算，163，15-32，2018 年。

・総務省統計局『平成 29 年 科学技術研究調査 結果の概要』2017 年。

・内閣府経済社会総合研究所国民経済計算部『「平成 28 年度国民経済計算年次推計」に係る利用上の注意について』2017 年。

・International Monetary Fund, 2013, Sixth Edition of the IMF's Balance of Payments and International Investment Position Manual.

は在庫変動と在庫品評価調整額から逆算した。在庫品評価調整が在庫変動を高めるとき、生産・分配側では中間投入が減り GDP は増える。在庫品評価調整の詳細は European Commission et al.（2009）の第 10 章節 10.124 と 10.125 を参照。文中の例は時子山（2017）を参照して作成した。

第 4 章　付加価値法

　第 2 章で GDP（支出側）を推計するコモディティ・フロー法について説明しました。本章では GDP（生産側）と GDP（分配側）を推計する付加価値法について説明します。付加価値法も、コントロール・トータルの一部として GDP を推計します。

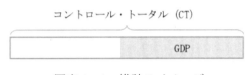

図表 4−1　推計のイメージ

1　付加価値法

　付加価値法とは、国内の産出と運輸・商業マージンの和（コントロール・トータル）から生産に投入された原材料や燃料など（中間投入）を差し引いて GDP を推計する方法です。

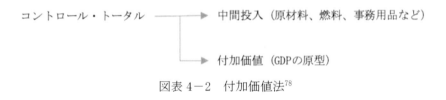

図表 4−2　付加価値法[78]

2　コントロール・トータル

　コモディティ・フロー法で用いた品目別コントロール・トータルを産業別コントロール・トータルに変換して付加価値法に用います。ここでは品目としての農林水産業を例に説明します。
　次ページ図表 4−3 の第 2 列はコモディティ・フロー法の品目、第 3 列は付加価値法の産業です。米、麦類の品目と米麦生産業、いも類、豆類、野菜などの品目とその他の耕種農業、酪農や肉用牛などの品目と畜産業というように、ほぼ同名の品目と産業が並んでいます。品目別産出額の大半は同名の産業に振り分けられます。

---

[78] 付加価値法に輸出と輸入は関わらない。

	品目	産業
農業	米、麦類	米麦生産業
	いも類、豆類、野菜、果実、砂糖原料作物、飲料用作物、その他の食用耕種作物、飼料作物、種苗、花き・花木類、その他の非食用耕種作物	その他の耕種農業
	酪農、肉用牛、豚、鶏卵、肉鶏、その他の畜産	畜産業
	農業サービス（獣医業を除く）	農業サービス業
林業	育林、素材、特用林産物	林業
漁業	海面漁業、海面養殖業、内水面漁業・養殖業	漁業、水産養殖業

図表 4−3　品目と産業（農林水産業）[79]

　図表 4−4 は農林水産業の品目の産出額を産業へ振り分けるようすを表しています。2019 年、農林水産業の品目の産出額は 12 兆 3,492 億円でした。このうち、農林水産業に 12 兆 2,805 億円、食料品産業に 417 億円、その他の製造業に 177 億円、建設業に 41 億円、宿泊・飲食サービス業に 45 億円、その他の産業に若干が振り分けられました。

産業＼品目	農林水産業
農林水産業	12 兆 2,805 億円
食料品	417 億円
繊維製品	2 億円
その他の製造業	177 億円
建設業	41 億円
宿泊・飲食サービス業	45 億円
専門・科技、業務支援	5 億円
その他のサービス業	1 億円
計	12 兆 3,492 億円

図表 4−4　農林水産業の品目を生産した産業[80]

---

[79] 内閣府経済社会総合研究所国民経済計算部（2021）の第 2 章表 2−2 と第 3 章表 3−1 を参照して作成。品目はコモ 6 桁分類である。支出側の推計にはコモ 8 桁分類を用いる。
[80] 内閣府経済社会総合研究所, 国民経済計算, V 表からデータを取得し作成。要素と合計値の差 1 億円は丸め誤差である。

図表4-5は品目から産業への変換表です。列に品目、行に産業をとり、値が大きいセル
に色をつけています。各品目の産出額の大半は同名の産業に振り分けられるので、色つきセ
ルの多くは対角線上に並んでいます。情報通信業と専門・科学技術、業務支援の品目は多く
の産業に割り振られます。これは多くの産業で自社ソフトウェアが開発され、また研究開発
が行われるためです。値を行方向に集計して産業別コントロール・トータルを得ます。

図表4-5　品目から産業への変換[81]

　図表4-6は産業別コントロール・トータルを表しています。

図表4-6　産業別コントロール・トータル[82]

[81] 内閣府経済社会総合研究所,国民経済計算からデータを取得し、配分比率のヒートチャー
トを作成。対角要素に主生産物、非対角要素に副次生産物が配される。副産物と屑は主
産物（主生産物または副次生産物）と同一の投入構造を持つためそれらの要素に織り込ま
れる。大森（2012）、内閣府経済社会総合研究所国民経済計算部（2021）の第3章図3-3
を参照。運輸・商業マージンは運輸業、卸売・小売業の品目にまとめられ、配分される。
[82] 内閣府経済社会総合研究所,国民経済計算からデータを取得し作成。事業所と産業分類

左図をみると、額が最も多いのは製造業、続いて額が多いのは卸売・小売業であることがわかります。製造業の業種別コントロール・トータルを表す右図をみると、自動車、列車、船舶、航空機などを生産する輸送用機械の業種のコントロール・トータルが目立ちます。

3　推計の手順

　産業別コントロール・トータルから GDP を取り出す作業を、投入係数、中間投入額の推計、微調整の順に説明します。

◇投入係数

　投入係数とは、コントロール・トータルのうち生産に投入する原材料や燃料の比率です。農林水産業を例に説明します。2019 年、農林水産業の産出額は 12 兆 6,927 億円でした。このうち生産に投入された原材料や燃料の比率は 55.5% でした。これは、産出額の半分強が中間投入されたことを意味します。残りの半分弱は GDP を構成する付加価値です。

図表 4-7　投入係数[83]

　図表 4-8 は、投入係数が高い産業から順に並べたものです。原材料や燃料を大量に投入する製造業、宿泊・飲食サービス、農林水産業、建設業の投入係数は高く、人がサービスを提供する教育、不動産業、公務、保健衛生・社会事業の投入係数は低いことがわかります。「人件費がかさむサービス業の投入係数は高いのではないか」と思われますが、SNA（国民経済計算）では、人件費は中間投入ではなく付加価値に分類されます。それで、サービス業の投入係数は低い傾向にあります。

についてはEuropean Commission et al.（2009）の第 2 章節 2.38 から 2.41、第 5 章全般を参照。
[83] 投入比率は内閣府経済社会総合研究所, 国民経済計算の経済活動別の国内総生産・要素所得からデータを取得し算出した。投入係数表は延長年に公表されない。産業連関表から作成される投入表（U 表）も、延長年に公表されない。U 表は自社開発ソフトウェア、在庫品評価調整、FISIM、政府手数料などさまざまな事柄を考慮して推計されるようである。産業連関表については宍戸監修（2010）を、U 表については小林・野木森（2012）を参照。

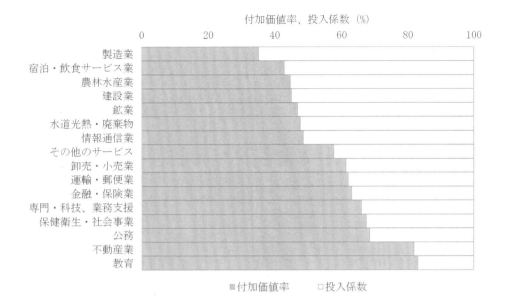

付加価値率、投入係数（%）

■付加価値率　□投入係数

図表 4−8　産業別の投入係数[84]

◇中間投入額の推計

産業のコントロール・トータルに投入係数を乗じて産業の中間投入額を求めます。

$$産業の中間投入額 = 産業のCT × 産業の投入係数$$

そして、産業のコントロール・トータルから産業の中間投入を減じて産業の付加価値を推計します。

$$産業の付加価値 = 産業のCT − 産業の中間投入額$$

次ページ図表 4−9 の左図は産業別コントロール・トータルを中間投入と付加価値に分けて表しています。付加価値が最も多いのは製造業ですが、投入係数が高いので中間投入も巨額です。一方、人手を多く要する卸売・小売業、不動産業、保健衛生・社会事業などは、投入係数が低いので産出額の大半が付加価値です。右図は製造業の中間投入と付加価値を業種別に表しています。原材料や部品を多く投入して自動車や列車を生産する輸送用機械の投入係数は 76% です。

---

[84] 内閣府経済社会総合研究所,国民経済計算から 2019 年暦年データを取得し作成。事業所と産業分類については European Commission et al.（2009）の第 2 章節 2.38 から 2.41、第 5 章全般を参照。

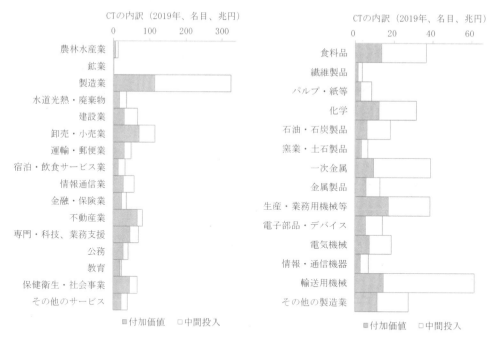

図表4−9　経済活動別付加価値[85]

◇微調整

各産業の付加価値を足し合わせ、輸入品に課される税・関税と総資本形成に係る消費税を調整してGDPを求めます。GDP（生産側）を式で表すと

$$GDP (生産側) = 付加価値 + 輸入品に課される税・関税 − 総資本形成に係る消費税$$

付加価値を雇用者報酬、営業余剰・混合所得、生産に課される税と補助金の差に振り分けてGDP（分配側）を表すと

$$GDP (分配側) = 雇用者報酬 + 営業余剰・混合所得（総）＋（生産に課される税 − 補助金$$
$$＋輸入品に課される税・関税）− 総資本形成に係る消費税$$

図表4−10の上段はGDP（生産側）を産業別に表しています。最大であるのは第3次産業の付加価値です。日本はものづくり大国といわれてきましたが、第2次産業の付加価値は第3次産業の4割に届きません。一番右にある税は、輸入品に課される税・関税と総資本形成に係る消費税との差です。下段はGDP（分配側）です。私たちの給与である雇用者報酬と企

---

[85] 内閣府経済社会総合研究所,国民経済計算からデータを取得し作成。

業の利益である営業余剰・混合所得が大半を占めています。一番右にある税は、生産・輸入品に課される税・関税から補助金と総資本形成に係る消費税を差し引いたものです。

図表4-10　生産側と分配側のGDP[86]

4　統計上の不突合

　生産、分配、支出の三側面から計測されるGDPの値は理論上等しくなります。これを三面等価といいます。しかし、第2章と本章でみてきたように、推計の実際はとても複雑です。それで、GDP（支出側）とGDP（生産・分配側）の推計値は一致しません。これを統計上の不突合といいます。

　図表4-11は統計上の不突合を模式化したものです。コントロール・トータル、輸入品に課される税・関税、総資本形成に係る消費税はGDP（支出側）とGDP（生産・分配側）に共通しています。よって、不突合は主に中間消費と中間投入の差から生じます。

図表4-11　統計上の不突合

[86]　内閣府経済社会総合研究所,国民経済計算からデータを取得し作成。GDP（生産側）の税は輸入品に課される税・関税と総資本形成に係る消費税の差額、GDP（分配側）の税は生産・輸入品に課される税・関税と補助金、総資本形成に係る消費税との差額である。GDP（生産側）では、前ページの式が示すように、生産に課される税・関税と補助金は付加価値に織り込まれている。営業余剰・混合所得は固定資本減耗を含んだ総概念の値である。

図表 4-12 は統計上の不突合を要因分解したものです。不突合の大半は中間投入と中間消費の差によることがわかります。不突合のもうひとつの原因である純輸出の影響は小さいようです。

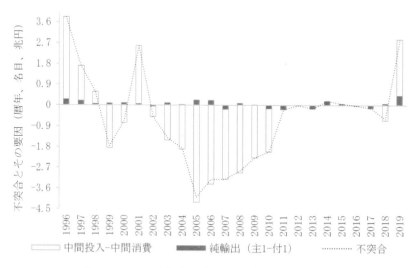

図表4-12　不突合の内訳（平成27年基準）[87]

　コモディティ・フロー法では、延長年次の配分比率は基準年の配分比率をもとに決まります。企業に中間消費されてきたモノが急速に一般消費者に普及すると、延長年次の中間消費が過大評価されるおそれがあります[88]。付加価値法では、延長年次の投入係数は基準年の値を補正して求めます。生産技術が進歩して原材料や部品の構成が急に変わると、延長年次の中間投入がうまく推計されなくなるおそれがあります。これらが不突合を生み出します。

　2008SNA にもとづく国民経済計算では、第 3 次年次推計で Supply and Use Table（SUT）を活用し、中間消費と中間投入の差を除去しています。SUT の詳細は本書の範囲を超えるため割愛します[89]。ここでは SUT の効果をみます。

---

[87] 内閣府経済社会総合研究所,国民経済計算からデータを取得し作成。家計の直接純購入を除く主 1 の純輸出から付 1 の純輸出を差し引いた差額を掲げた。European Commission et al.（2009）の第 14 章節 14.61 から 14.77、第 28 章節 28.9 から 28.12、熊谷（2012）の図表 4（注）、田原（2014）、国民経済計算次回基準改定に関する研究会の第 7 回（平成 26 年 1 月 28 日）資料 2 を参照。BPM6 にもとづく国際収支統計は 1996 年以降遡及改定されている。財務省・日本銀行（2014）を参照。
　異なる設計思想で作られた部品（国際収支統計や産業連関表など）を滑らかに動く機械（SNA）に組み上げるのは容易でない。
[88] 熊谷（2012）は灯油と乗用車を例に挙げている。
[89] SUT の詳細については総務省,統計委員会,国民経済計算体系的整備部会とその SUT タスクフォース会合、内閣官房,EBPM のニーズに対応する経済統計の諸課題に関する研究会の議論を参照。European Commission et al.（2009）の第 14 章、櫻本（2010, 2012, 2016）、

図表 4−13 は SUT の効果を表しています。平成 27 年基準の国民経済計算は本書執筆段階で第 1 次年次推計しか公表されておりませんので、ここだけ平成 23 年基準の国民経済計算のデータを用います。2016 年の値に注目しましょう。2017 年末に公表された第 1 次年次推計では中間投入と中間消費に 2 兆 3 千億円の差がありました。2018 年末に公表された第 2 次年次推計では差が 1 兆円に縮まりました。2019 年末に公表された第 3 次年次推計では中間投入と中間消費の差はなくなり、純輸出による差だけが残りました。中間投入と中間消費の差は、第 3 次年次推計に達した年から逐次除去されます。

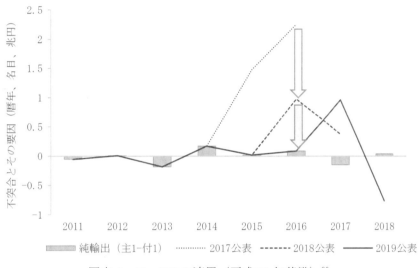

図表 4−13　SUT の適用（平成 23 年基準）[90]

　次ページの図表 4−14 は、基準年である平成 27 年の不突合を品目別に表しています。図表をみるかぎり、基準年において経済全体の不突合は取り除かれても、品目別の不突合は比較的大きなまま残るようです。国際連合が著した SUT の解説書には「SUT をつぶさに分析すれば、広大な統計から修正すべき部分を見つけられる」[91]とあります。製造業、宿泊・飲食サービス、その他のサービスの品目にはなんらかの改善が必要なようです[92]。

熊谷（2012）、野木森（2012）、田原（2014, 2017）、荻野（2016）、吉岡・鈴木（2016）、時子山（2017）、内閣府経済社会総合研究所（2017）、United Nations（2018）、西村他（2020, 第 7 章）も参照。
[90] 内閣府経済社会総合研究所, 国民経済計算からデータを取得し作成。延長年では、8 割ほどの品目で中間消費を正しい値とみなし、中間投入の値を修正していると伺った。修正された中間投入の分は営業余剰・混合所得（純）に潜り込むようである。この辺りまで準備した後 RAS 法を適用する。また、最終消費は家計調査でバランシングできるが、資本形成はバランシングのための基礎資料が乏しいとも伺った。
[91] United Nations（2018）の節 2.143 の 2 点目を意訳して引用。
[92] 同一の取引基本表からコモ法、付加価値法へ変形するとき、両法の品目数の違い、非市

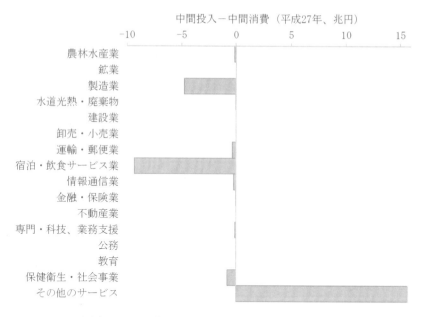

図表 4−14　基準年の不突合（平成 27 年基準）[93]

場生産者の生産物を組み込む工程、在庫変動の取扱い等から不突合が生じるようである。
不突合の額が多い品目のうち製造業は事務用品が、宿泊・飲食サービス業は家計外消費支
出（企業の交際費等）がうまく計測されていないことが原因ではないか、と伺った。今後
10 年ほどの時間をかけて生産物の分類が順次更新され、体系の中心が産業連関表から SUT
へ移行することにより、こうした問題が解消に向かうようである（首相官邸, 統計改革推進
会議, 最終とりまとめ, 2017）。統計の整備に要する時間を思うと、研究人生の儚さに驚く。
筆者のような無名の学者は泡沫に過ぎない。
　推計精度向上のもうひとつの試みとして、分配側 GDP 推計の取り組みがある（藤原・小
川, 2016）。

[93] 内閣府経済社会総合研究所, 国民経済計算からデータを取得し作成。不突合の総額は 0 近
傍にあるが、品目別にみると 10 兆円を超える不突合が残存している。

参考文献

・大森審士『SNA 産業連関表と技術仮定について』季刊国民経済計算，148，101-108，2012 年。

・荻野覚『拡張供給使用表の整備に向けた取組 —OECD・拡張供給使用表専門家グループ第 2 回会合および APEC・TiVA テクニカルグループ第 2 期会合への出張報告を兼ねて—』季刊国民経済計算，159，83-95，2016 年。

・熊谷章太郎『年次 SUT を用いたバランスシステムの在り方の一考察』季刊国民経済計算，147，55-67，2012 年。

・小林裕子・野木森稔『付加価値法による生産側 GDP 推計について —基準改定の影響分析、日米比較を交えて』季刊国民経済計算，148，79-99，2012 年。

・財務省・日本銀行『6 版組み替え計数の公表について』2014 年。

・櫻本健『経済センサス導入に伴う我が国の年次供給使用表推計に関する研究』季刊国民経済計算，142,39-126，2010 年。

・櫻本健『日本の国民経済計算体系における供給使用表年表に関する研究』New ESRI Working Paper，26，2012 年。

・櫻本健『供給使用システムに基づくビッグデータの活用に必要な環境 —推計と付加価値税の関係を中心に—』立教経済学研究，70，1，41-63，2016 年。

・宍戸駿太郎監修『産業連関分析ハンドブック』東洋経済新報社，2010 年。

・田原慎二『JSNA 体系内の純輸出の整合性向上に向けて』季刊国民経済計算，155，79-93，2014 年。

・田原慎二『JSNA の支出側・生産側推計における 2008SNA への対応について』季刊国民経済計算，162，1-24，2017 年。

・時子山真紀『第一次年次推計における代替推計』季刊国民経済計算，162，25-32，2017 年。

・内閣府経済社会総合研究所『JSNA の推計と SUT 体系への移行』国民経済計算体系的整備部会，第 5 回，SUT タスクフォース会合，2017 年。

・内閣府経済社会総合研究所国民経済計算部『国民経済計算推計手法解説書（年次推計編）2015 年（平成 27 年）基準版』2021 年。

・西村清彦・山澤成康・肥後雅博『統計 危機と改革 —システム劣化からの復活—』日本経済新聞出版社，2020 年。

・野木森稔『加重最小二乗法を利用したバランシング・モデル —SUT バランスシステム開発に向けた一考察』季刊国民経済計算，147，69-89，2012 年。

・藤原裕行・小川泰尭『税務データを用いた分配側 GDP の試算』日本銀行ワーキングペーパーシリーズ，2016 年。

・吉岡徹哉・鈴木俊光『供給・使用表（SUT）の枠組みを活用した支出側 GDP と生産側 GDP の統合』季刊国民経済計算，160，11-28，2016 年。

・European Commission, International Monetary Fund, Organization for Economic Co-operation and Development, United Nations, and World Bank, 2009, System of National Accounts 2008.

・United Nations, 2018, Handbook on Supply, Use and Input-Output with Extensions and Applications.

第 5 章　GDP（生産側）と GDP（分配側）

本章では GDP（生産側）と GDP（分配側）について詳しくみます。

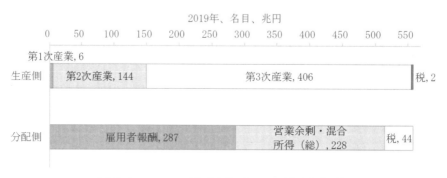

図表 5−1　GDP（生産側）と GDP（分配側）[94]

1　GDP（生産側）

　GDP（生産側）は第 1 次産業、第 2 次産業、第 3 次産業の付加価値と税からなります。図表 5−2 は第 1 次産業の付加価値を表しています。この 20 年ほどのあいだに農業、林業、漁業が生み出す付加価値はともに減りました。農業の減少が目立ちます。

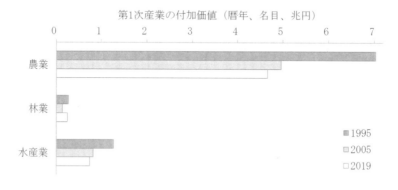

図表 5−2　第 1 次産業[95]

---

[94] 内閣府経済社会総合研究所, 国民経済計算からデータを取得し作成。GDP（生産側）の税は輸入品に課される税・関税と総資本形成に係る消費税の差であるが、これは産業別に振り分けられない。

[95] 内閣府経済社会総合研究所, 国民経済計算からデータを取得し作成。

図表5−3は第2次産業の付加価値を表しています。第2次産業は鉱業、製造業、建設業からなります。製造業は食料品、繊維製品、パルプ・紙・紙加工品、化学、石油・石炭製品、窯業・土石製品、一次金属、金属製品、はん用・生産用・業務用機械、電子部品・デバイス、電気機械、情報・通信機器、輸送用機械、印刷業、その他の製造業の15業種に分かれます。

　付加価値が最大であるのは建設業です。つづいて、15兆円規模の業種にはん用・生産用・業務用機械と輸送用機械があります。10兆円規模の業種に食料品、化学、一次金属があります。

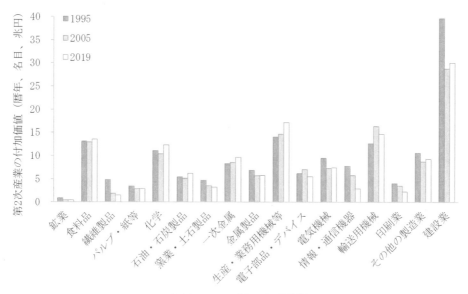

図表5−3　第2次産業[96]

　次ページの図表5−4は第2次産業の付加価値増減を表しています。1995年と比べて、2019年の付加価値が2兆円を超えて増えたのははん用・生産用・業務用機械と輸送用機械だけです。一方、2兆円を超えて減ったのは電気機械、繊維製品、情報・通信機器、建設業です。電気機械、繊維製品、情報・通信機器に属する企業の多くは製造拠点を海外へ移しました。GDPは国内の生産活動を記録しますので、企業活動が海外で活発になってもGDPには反映されません。建設業は公共投資削減の影響を強く受けました。

　ふつうの経済では、24年もの期間をとれば、業種を問わず付加価値は大幅に増えます。2倍くらいになってもおかしくありません。第1次産業と第2次産業のようすをみるかぎり、日本国の経済はふつうでなかったようです。

---

[96] 内閣府経済社会総合研究所,国民経済計算からデータを取得し作成。

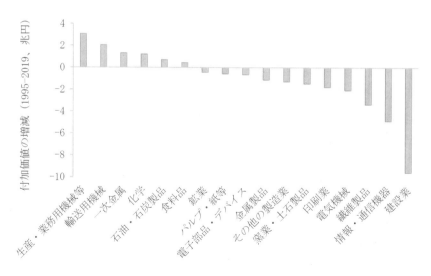

図表 5-4　第 2 次産業の付加価値増減[97]

　図表 5-5 は第 3 次産業の付加価値を表しています。第 3 次産業にははばひろい業種が属します。具体的には、電気・ガス・水道・廃棄物処理、卸売・小売業、運輸・郵便業、宿泊・飲食サービス、情報通信業、金融・保険業、不動産業、専門・科学技術、業務支援サービス、公務、教育、保健衛生・社会事業、その他のサービスの 12 業種が属します。

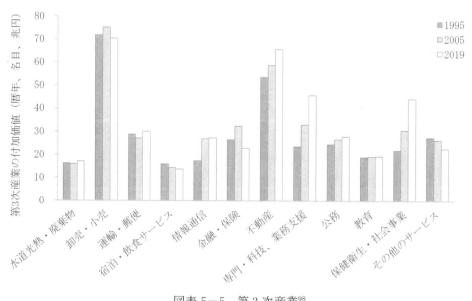

図表 5-5　第 3 次産業[98]

---

[97] 内閣府経済社会総合研究所, 国民経済計算からデータを取得し作成。
[98] 内閣府経済社会総合研究所, 国民経済計算からデータを取得し作成。内閣府経済社会総合研究所国民経済計算部（2021）の第 3 章表 3-1 によれば、第 2 次産業の情報・通信機器

付加価値が最大であるのは卸売・小売業です。業種区分が他よりひろいことを差し引いても、流通業が日本の経済で重要な役割を果たしているのは間違いなさそうです。40 兆円規模の業種に専門・科学技術、業務支援サービスと保健衛生・社会事業があり、30 兆円規模の業種に運輸・郵便業、情報通信業、金融・保険業、公務があります。その他の業種も 10 兆円から 20 兆円の規模があります。第 2 次産業の業種と比べて、第 3 次産業の業種はより多くの付加価値を生み出しています。日本は「ものづくり大国」というより「サービス大国」です。

　図表 5−6 は第 3 次産業の付加価値増減を表しています。1995 年と比べて、2019 年の付加価値が 5 兆円を超えて増えた業種は保健衛生・社会事業、専門・科学技術、業務支援サービス、情報通信です。保健衛生・社会事業については高齢者医療や介護サービスがひろまったこと、専門・科学技術、業務支援サービスについては研究開発が盛んになったり、外部委託される業務が増えたりしたこと、情報通信についてはインターネットや携帯端末に関連するサービスが利用されるようになったことが寄与したと考えられます[99]。

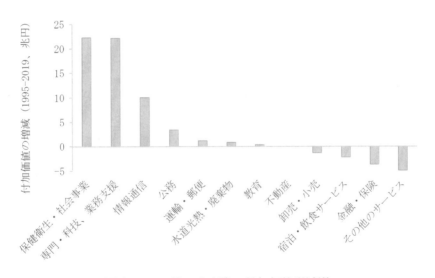

図表 5−6　第 3 次産業の付加価値増減[100]

は通信機械・同関連機器製造業、電子計算機・同附属装置製造業を含み、第 3 次産業の情報通信業は電信・電話業、放送業、情報サービス業、映像・音声・文字情報制作業を含む。

[99] 付加価値額が増えた業種に特筆すべき業種が複数混在している（保健衛生・社会事業に医療と介護が属し、専門・科学技術、業務支援サービスに研究開発と対事業所サービス業が属し、情報通信に情報サービス業と電信・電話業が属している）。これを選り分けることができれば、経済分析の精度は高まると思われる。

[100] 内閣府経済社会総合研究所, 国民経済計算からデータを取得し作成。不動産は持ち家の帰属家賃を控除して算出した。持ち家の帰属家賃については本書第 10 章を参照。

図表5−7は輸入品に課される税・関税と総資本形成に係る消費税を表しています。輸入品に課される税・関税は購入者価格を引き上げ、総資本形成に係る消費税は購入者価格から控除されます。GDP は購入者価格をもとに測りますので、購入者価格を上下させる要因をこの項目で調整します。これらの項目は、基礎資料の制約から、産業別推計値を得ることができません。それで、一国経済の合計値を掲げています。

1995 年と比べて、2019 年の輸入品に課される税・関税は輸入の増加にともない 7 兆円増えました。総資本形成に係る消費税は税率が段階的に 10%まで引き上げられたことにともない 5 兆円増えました。

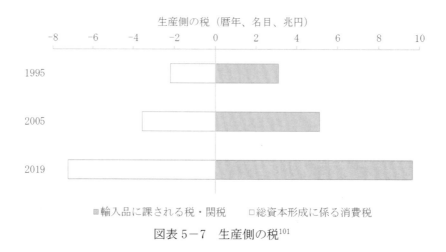

生産側の税（暦年、名目、兆円）

■輸入品に課される税・関税　　□総資本形成に係る消費税

図表5−7　生産側の税[101]

2　GDP（分配側）

GDP（分配側）は雇用者報酬、営業余剰・混合所得（純）、固定資本減耗、税からなります。雇用者報酬とは所得税、住民税、社会保険料等控除前の給与です。雇用者報酬は、雇い主が納める社会保険料、役員報酬、議員歳費、通勤手当、家賃補助などを含みます[102]。営業余剰とは法人企業の活動によって生じる利益であり、混合所得とは法人でない自営業の活動によって生じる利益です。零細な農家や個人商店などのもうけは自営業主とその家族の給与と混じり合っていることから混合所得といいます[103]。営業余剰・混合所得に（純）が付され

---

[101] 内閣府経済社会総合研究所,国民経済計算からデータを取得し作成。総資本形成に係る消費税は控除項目であるため負の符号を付けて掲げた。内閣府経済社会総合研究所国民経済計算部（2019）の第3章表3−3によると、輸入品に課される税・関税は原油等関税と関税である。国税と地方税をあわせた消費税率は1995年に3%、2005年に5%、2019年9月まで8%、10月以降に10%であった。
[102] 内閣府経済社会総合研究所国民経済計算部（2021, pp.120-124）を参照。
[103] European Commission et al.（2009）の第24章節24.8を参照。

ているのは、営業余剰・混合所得（総）から固定資本減耗を除いているためです。固定資本減耗については次節で説明します。

　GDP（分配側）の税は、生産・輸入品に課される税・関税から補助金と総資本形成に係る消費税を減じたものです。図表5-8は生産に課される税を表しています。表の上段に掲げた揮発油税、酒税、たばこ税などは、税を負担する産業が明らかですので、その産業へ全額配分します。一方、消費税、不動産取得税、印紙収入などの税は、経済活動のようすをみて各産業に配分します。生産に課される税は購入者価格を引き上げます。補助金とは産業の保護や振興のために政府が企業などに与えるお金です[104]。企業は補助金の分だけ安く売ることができますので、補助金は購入者価格を引き下げます。

2008SNA の分類	主な税
特定の産業へ配分される税 （生産物に課される税、生産に課されるその他の税）	揮発油税、地方揮発油税、航空機燃料税、石油ガス税、石油石炭税、酒税、たばこ税、たばこ特別税、都道府県たばこ税、市町村たばこ税、日本中央競馬会納付金、預金保険機構納付金、ゴルフ場利用税、軽油取引税、電源開発促進税、特別とん税、とん税、鉱区税、鉱産税、発電水利使用料
基礎資料をもとに産業へ配分される税 （付加価値型税、生産物に課される税、生産に課されるその他の税）	消費税、地方消費税 不動産取得税、自動車取得税の1/2 印紙収入、自動車重量税の1/2、自動車税の1/2、軽自動車税の1/2、賦課金収入、納付金、固定資産税、特別土地保有税、法定外普通税、法定外目的税、目的税、収益事業収入、固有提供施設等所在市町村助成交付金

図表5-8　生産に課される税[105]

　次ページの図表5-9は第1次産業の付加価値を分配先別に表しています。1995年と比べて、2019年の雇用者報酬は1兆円ほど増えました。営業余剰・混合所得（純）は2兆円、固定資本減耗は1兆円減りました[106]。生産に課される税と補助金の差をみると、1995年と2005年は税が補助金を上回っていますが、2019年には補助金が税を上回っています。国家の基礎である食料生産を保護するため、補助金が増えているようです。

---

[104] 補助金総覧を参照。
[105] 内閣府経済社会総合研究所国民経済計算部（2021）の第3章表3-3とその注2、内閣府経済社会総合研究所国民経済計算部（2016, p. 50）の図表8を参照して作成。
[106] 営業余剰・混合所得（純）と固定資本減耗の合計が営業余剰・混合所得（総）である。

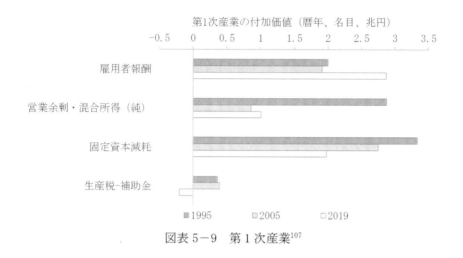

図表 5－9　第 1 次産業[107]

　図表 5－10 の左図は第 2 次産業の付加価値を分配先別に表しています。1995 年と比べて、2019 年の雇用者報酬は 12 兆円、営業余剰・混合所得（純）は 14 兆円減りました。1990 年代後半から、製造業に属する多くの企業が製造拠点を海外へ移しました。その結果、国内の生産活動から得る給与ともうけはともに減りました。右図は第 3 次産業の付加価値を分配先別に表しています。1995 年と比べて、2019 年の雇用者報酬は 32 兆円、営業余剰・混合所得（純）は 5 兆円増えました。

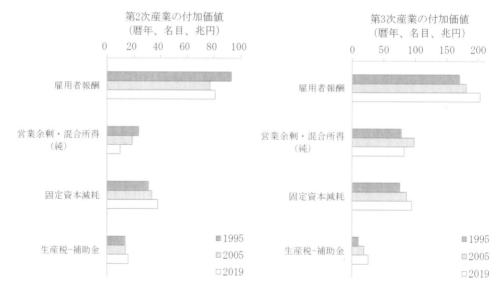

図表 5－10　第 2 次産業と第 3 次産業[108]

---

[107] 内閣府経済社会総合研究所, 国民経済計算からデータを取得し作成。統計表は生産に課される税と補助金を別建てで掲げておらず、分離できない。
[108] 内閣府経済社会総合研究所, 国民経済計算からデータを取得し作成。

3 総額と純額、国内と国民

　付加価値を測るとき総額と純額、国内と国民の違いに注意しなければなりません。まず、総額と純額の違いをみます。付加価値の測りかたには資本の減耗を考慮しない「総」と資本の減耗を考慮する「純」の2とおりあります[109]。資本の減耗とは、設備、機械、建物が古くなるにしたがい価値が目減りすることです。設備や機械は年を経るにしたがい傷がついたり性能が落ちたりします。建物は年を経るにしたがい朽ちてきます。こうした経年劣化を固定資本減耗といいます。

図表 5-11　総と純（支出側）

　総資本形成は GDP（支出側）にあらわれる項目です。純額で付加価値を測るとき三面等価を維持するには、GDP（生産・分配側）からも固定資本減耗を減じなければなりません。資本を形成するのは主に企業ですので、企業のもうけを計上する営業余剰・混合所得（総）から同額を減じます。

営業余剰・混合所得（総）	
営業余剰・混合所得（純）	固定資本減耗

図表 5-12　総と純（生産・分配側）[110]

　GDP から固定資本減耗を除いたものを Net Domestic Product（NDP：国内純生産）といいます。2019 年の固定資本減耗は 135 兆円でした。設備、機械、建物が古くなり、1 年で価値が 135 兆円も目減りしたので、NDP（支出側）は 426 兆円に、NDP（生産・分配側）は 424 兆円になりました。

---

[109] 総は Gross、純は Net の訳である。European Commission et al.（2009）の第 2 章節 2.72、第 3 章節 3.195、第 6 章節 6.70 から 6.74 を参照。
[110] 推計の実際では、営業余剰・混合所得（総）から固定資本減耗を減じて営業余剰・混合所得（純）を求めない。付加価値から固定資本減耗、雇用者報酬、生産・輸入品に課される税、補助金（控除項目）を除いた残余を営業余剰・混合所得（純）とする。また、営業余剰を計上しない公務の業種にも固定資本減耗がある。本文では説明の便宜を優先した。詳細は内閣府経済社会総合研究所国民経済計算部（2021）の第 3 章を参照。

図表 5−13　国内純生産[111]

　つづいて、国内と国民の違いをみます。日本国の人と法人は海外でも経済活動をしています。同様に、外国の人と法人は日本国内で経済活動をしています。図表 5−14 はこうした活動にともない発生する、国境を越える所得の受け払いを表しています。利子には海外向け貸出の利息や、米国債の利子収入などを計上します。法人企業の分配所得には株式配当、投資信託の分配金[112]、海外直接投資の結果として現地企業から得る配当金などを計上します。海外直接投資に関する再投資収益には海外直接投資の結果として現地企業に貯めおかれる留保利益などを計上します。

　日本国民の受け払いをみると、利子、法人企業の分配所得、再投資収益が多いことがわかります。1 年で差し引き 22 兆円を得ている日本国民は世界有数の投資家です。

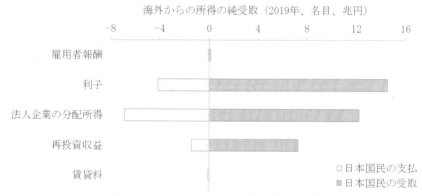

図表 5−14　海外からの所得の純受取[113]

[111] 内閣府経済社会総合研究所, 国民経済計算からデータを取得し作成。図表は統計上の不突合を含まない。European Commission et al.（2009）の第 6 章節 6.8 と 6.9 を参照。
[112] 内閣府経済社会総合研究所国民経済計算部（2016, p.54）によると、投資信託の分配金は 2012 年 6 月末まで利子に含まれる。
[113] 内閣府経済社会総合研究所, 国民経済計算からデータを取得し作成。

日本国民が海外から得る所得を含む、国民概念の所得を Gross National Income（GNI：国民総所得）といいます。GNI は GDP（分配側）に、図表 5-14 に示した海外からの所得の純受取を加えたものです。GNI から固定資本減耗を減じたものを Net National Income（NNI：国民純所得）といいます。図表 5-15 は GNI と NNI を表しています。GNI は 583 兆円、NNI は 448 兆円でした。

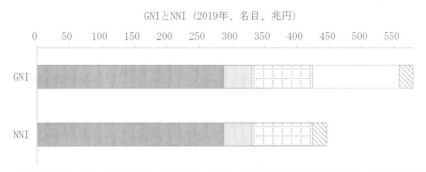

図表 5-15　GNI と NNI[114]

参考文献

・内閣府経済社会総合研究所国民経済計算部『2008SNA に対応した我が国国民経済計算について（平成 23 年基準版）』2016 年。

・内閣府経済社会総合研究所国民経済計算部『国民経済計算推計手法解説書（年次推計編）2015 年（平成 27 年）基準版』2021 年。

・European Commission, International Monetary Fund, Organization for Economic Co-operation and Development, United Nations, and World Bank, 2009, System of National Accounts 2008.

Reading List

・山岸圭輔『法人企業統計を用いた営業余剰の推計　～「税務データを用いた分配側 GDP の試算」による手法の考察～』季刊国民経済計算, 163, 61-75, 2018 年。

・吉野克文『国民経済計算における保証の記録方法見直し —2008SNA における定型保証の取扱いとわが国における推計結果』季刊国民経済計算, 147, 31-53, 2012 年。

---

[114] 内閣府経済社会総合研究所, 国民経済計算からデータを取得し作成。GNI は統計上の不突合を含む値で表示される。つまり、GNI＝GDP（分配側）＋統計上の不突合＋海外からの所得の純受取である。図表は 2019 年暦年の不突合 2 兆 8,565 億円を含まない。

第 2 部

ストックの統計

第6章 国富

　図表6−1は図表1−9を再び掲げたものです。第1部ではGDPについて詳しくみました。第2部では日本国の正味資産である国富について説明します。

前年末の国富　（国民貸借対照表）

生産・使用・蓄積　（GDPなど）

本年末の国富　（国民貸借対照表）

図表6−1　経済活動の記録

1　国富

　国富は国民貸借対照表にあらわれます。国民貸借対照表には国民資産、負債、国富が記録されます。国民資産は金融資産と非金融資産に分かれます。金融資産は現金、預金、貸出金、国債、株式、保険、年金などからなります。非金融資産は道路、住宅、工場、機械、ソフトウェア、在庫など生産に由来する生産資産と、土地、地下資源、漁場など領土や領海に由来する非生産資産からなります。負債は現金、預金、借入金、国債、株式、保険、年金などからなり、金融資産と対をなしています。

国民資産	負債
金融資産	
非金融資産	国富

図表6−2　国民貸借対照表[115]

　次ページの図表6−3は2019年末の国富を表しています。国民資産の大きさは日常使う数の最大単位である兆を超え、1京1,375兆円に達しています。内訳をみると、対をなしている金融資産と負債がとても大きいことがわかります。金融資産は8,053兆円、負債は7,686

---

[115] European Commission et al.（2009）の第3章節3.4と3.5、節3.30から3.33を参照して作成。

兆円です。これに対して、実物資産である非金融資産は生産資産と非生産資産をあわせても3,323 兆円です。日本国の経済を理解するには金融活動をよく知る必要がありそうです。

図表 6−3　国富[116]

図表 6−3 が示すように、国富は国民資産と負債の差額です。すなわち

$$国富 = 生産資産 + 非生産資産 + (金融資産 - 負債)$$

図表 6−4 は国富の増減を表しています。1 年のあいだに非生産資産は 31 兆円、生産資産は 46 兆円、金融資産と負債の差額は 23 兆円増えました。国富は 100 兆円増えました。

図表 6−4　国富の増減[117]

---

[116] 内閣府経済社会総合研究所, 国民経済計算からデータを取得し作成。
[117] 内閣府経済社会総合研究所, 国民経済計算からデータを取得し作成。

2 国富の増減

　図表6−5は国富の増減が記録される勘定を表しています。国富の構成要素のうち、経済活動によってもたらされるものは資本勘定と金融勘定に計上されます。たとえば、期中の経済活動によって造られた道路や建物、工作機械やソフトウェアなどは資本勘定に記録されます。期中の経済活動にともなう貸出しや借入れ、国債や株式の発行などは金融勘定に計上されます。

	経済活動	その他
非生産資産	—	調整勘定
生産資産	資本勘定	調整勘定
金融資産・負債	金融勘定	調整勘定

図表6−5　国富増減の記録[118]

　調整勘定には資本勘定と金融勘定にあらわれない国富の増減が計上されます。たとえば、2019年の金融資産の調整額は次式から得られます。

$$調整額_{2019年} = \left(金融資産_{2019年末} - 金融資産_{2018年末} \right) - 金融取引額_{2019年}$$

　次ページ図表6−6の左図は2019年の国富増減を表しています。非生産資産の調整額は31兆円でした。生産資産の資本取引額は10兆円、調整額は36兆円でした。金融資産・負債差額の取引額は20兆円、調整額は3兆円でした。これらを合計すると、図表6−4にみられる国富の増加100兆円と等しくなります。

　図表6−6の右図は金融資産と負債の増減を表しています。左図からは読み取れませんでしたが、金融資産の取引額は153兆円、負債の取引額は133兆円とそれぞれとても大きいことに気づきます。これは、金融取引が四重記入されることによります。

---

[118] European Commission et al. (2009) の第2章節2.50から2.53、第11章節11.9から11.15、第13章節13.16を参照して作成。

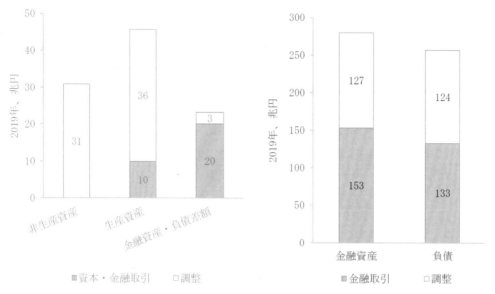

図表 6-6　資本・金融勘定と調整勘定[119]

3　四重記入

　当事者の貸方と借方の残高を変更して取引を記録することを四重記入といいます。図表
6-7 の上段は貸出しを記録しています。金融機関が企業に貸出すとき、金融機関の貸出債
権（金融資産）と預金（負債）は貸出額だけ増え、企業の借入債務（負債）と預金（金融
資産）は借入額だけ増えます。下段は返済を記録しています。企業の借入債務（負債）と
預金（金融資産）は返済額だけ減り、金融機関の貸出債権（金融資産）と預金（負債）は
返済額だけ減ります。貸出しとその返済は、金融機関と企業それぞれの貸方と借方、4 か
所の残高を変更して記録します。

図表 6-7　銀行による貸出しと企業による返済の記録

---

[119] 内閣府経済社会総合研究所,国民経済計算からデータを取得し作成。

中央政府の支出も四重記入します。図表6−8の上段は、中央政府が国債を発行して資金を調達するようすを表しています。国債の買い手である金融機関の日銀当座預金（金融資産）は減り、国債（金融資産）は増えます。同時に、政府の預金（金融資産）と国債（負債）は増えます。日本銀行は金融機関の日銀当座預金（負債）を政府預金（負債）に振り替えて国債の売買代金を決済します。図の中段は、政府が調達した資金を支出するようすを表しています。政府預金（金融資産）は減り、私たち家計の預金（金融資産）は増えます。ただし、私たちは政府から直接お金を受け取れませんので、窓口となる代理店金融機関の預金の形で間接的にお金を受け取ります。日本銀行は政府預金（負債）を日銀当座預金（負債）に振り替えてこの資金移転を決済します。図表の下段は、政府支出が国民貸借対照表に記録されるようすを表しています。国債発行による政府支出は、取引の当事者である金融機関、中央政府、家計の貸方と借方、4か所の残高を変更して国民貸借対照表に記録します。

　SNAではこのように四重記入するので、金融資産と負債の残高が多くなります[120]。

図表6−8　国債発行で賄う政府支出の記録

4　その他の資産量変動

　資産と負債の変動のうち、特別な理由による価格変動は調整勘定の、その他の資産量変動に計上します。ここでは、大きな災害による損害と不良債権の処理によって生じる資産と負債の変動をみます。

---

[120] European Commission et al.（2009）の第3章節3.111、第11章節11.9と11.10を参照。

◇災害の影響

　大きな災害が起きると、道路や橋が破損したり、建物が倒壊したりします。図表6-9は1995年に発災した阪神淡路大震災と2011年に発災した東日本大震災の損害を表しています。住宅については、両震災とも2兆9,000億円ほどの損害が出ています。道路、港湾、学校、病院、工場を含むその他の建物・構築物、これらの構築物に付属する機械・設備、在庫については、東日本大震災の損害が甚大でした。乳牛や果樹など育成生物資源については、両震災とも他の項目と比べて金額ベースの損害は小さかったようです。

図表6-9　大震災の影響[121]

◇不良債権処理の影響

　資金を貸し借りするとき、借り手は期日に返済することを約束します。貸し手が借り手から返済を受ける権利を債権といいます。借り手の状況が良好であれば期日に借入金は返済されますが、借り手の状況が悪化すると返済が滞ることがあります。借り手の返済が滞り、回収されない債権のことを不良債権といいます。後に状況が好転して回収できる債権もありますが、回収できないまま残る債権もあります。

　不良債権処理とは、回収の見込みがたたない債権を損失として処理することです。得られるはずであったものが得られなくなりますので、貸し手の金融資産は不良債権の処理分だけ減ります。支払うべきものが免除されますので、借り手の負債は不良債権の処理分だけ減ります。SNA（国民経済計算）では、この手続きを不良債権の抹消として記録します。

---

[121] 内閣府経済社会総合研究所,国民経済計算からデータを取得し作成。その他の建物・構築物は宅地への移転を計上する土地改良を減じて掲げた。土地改良は1995年に1兆6,303億円、2011年に5,211億円であった。大震災の影響については吉野・郡（2011）、内閣府経済社会総合研究所（2012）、乾他（2016）等を参照。

図表 6−10 は不良債権の抹消を表しています。1995 年から 2000 年代のはじめにかけて、5 兆円を超える不良債権が抹消されました。2000 年代中頃からおわりにかけて抹消額が再び増えましたが、その後はゆるやかな景気回復を反映して額が少なくなってきています。

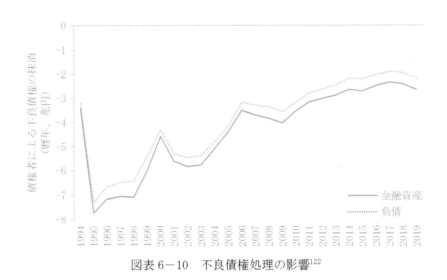

図表 6−10　不良債権処理の影響[122]

　国民経済計算には、他にも貸付の健全性をみる統計があります。図表 6−11 は貸付のパフォーマンスを表しています。

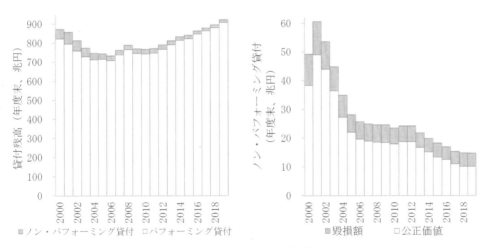

図表 6−11　不良債権[123]

---

[122] 内閣府経済社会総合研究所, 国民経済計算からデータを取得し作成。金融資産と負債に計上される抹消額に差がある。この差は、対外純資産の抹消を表していると思われるが、出版時までにこの点に言及する統計部局の解説を見つけられなかった。
[123] 内閣府経済社会総合研究所, 国民経済計算からデータを取得し作成。データは 2000 年度

図表 6−11 の左図は貸付を健全なものと健全といえないものに分けて表しています。少ないときで 800 兆円、多いときで 900 兆円ほどある貸付残高と比べて、健全といえない貸付（ノン・パフォーミング貸付）は多くありません。健全といえない貸付の比率が最も高かったのは 2001 年で 7.1％です。その後不良債権の処理が進み、2019 年度末には健全といえない貸付の比率が 1.6％になりました。右図は健全といえない貸付（ノン・パフォーミング貸付）のうち、どれほど毀損したかを表しています。健全といえない貸付は 2001 年度末の 61 兆円から減ってきています。一方、健全といえない貸付に対する毀損額の比率は 2001 年度末の 19％から 2019 年度末の 31％へ上がっています。金融機関は、価値が毀損しそうな貸付を適切に分類しているようです。

　図表 6−12 は、図表 6−10 と図表 6−11 の右図の情報を 1 枚のグラフにまとめたものです。図表 6−10 と図表 6−11 の基礎資料は異なり、図表 6−10 は暦年フロー、図表 6−11 は年度末残高と情報の違いはありますが、価値が毀損した貸付の多くは抹消されているようです。

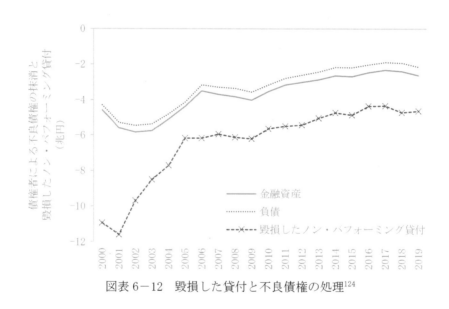

図表 6−12　毀損した貸付と不良債権の処理[124]

末分から公表されている。多額の不良債権が抹消された 1990 年代後半のようすを知ることはできない。

[124] 内閣府経済社会総合研究所,国民経済計算からデータを取得し作成。

補論　連結と純計

　資本勘定と金融勘定に記録される値の解釈には、いくつかの点で注意が必要です。ここでは連結と純計について説明します。

　連結とは、金融資産と負債が同じグループに属する経済主体のものであるとき、それらを相殺することです。たとえば、図表6−13のように、企業Aが企業Bへ手形を発行するとしましょう。手形は、振り出す企業Aの負債であり、受け取る企業Bの金融資産です。特別な場合を除き、企業を1つの大きなグループに見立てて統計を作るとき、SNA（国民経済計算）は企業Aの負債と企業Bの金融資産を連結（相殺）せず、両建てで金融資産と負債を記録します。

図表6−13　連結[125]

　純計とは、会計期間中の増減をまとめて記録することを意味します。たとえば、会計期間の途中で銀行へ1,000万円返済し、1,000万円借り替えたとき、借入残高は変わらないと記録するのが純計です。SNA（国民経済計算）は品目や金融商品の種別を超えて純計を用いないようにしています[126]。

---

[125] European Commission et al.（2009）の第2章節2.68から2.70、第3章節3.197から3.198を参照して作成。
[126] European Commission et al.（2009）の第2章節2.71、第3章節3.193から3.196を参照。

参考文献

・乾友彦・枝村一磨・一宮央樹『東日本大震災と生産回復のダイナミクス』ESRI Discussion Paper, 330, 2016 年。

・内閣府経済社会総合研究所『「平成 23 年度国民経済計算確報」利用上の注意』2012 年。

・吉野克文・郡俊枝『東日本大震災を踏まえた地震保険サービスの計測方法見直し ―国民経済計算・国際収支統計における 2008SNA/BPM6 の試行的適用』季刊国民経済計算, 146, 73-99, 2011 年。

・European Commission, International Monetary Fund, Organization for Economic Co-operation and Development, United Nations, and World Bank, 2009, System of National Accounts 2008.

Reading List

・小野寺敬・佐倉環『東日本大震災の計量モデル分析 〜夏の電力不足・消費萎縮・復興需要の 3 側面から〜』経済のプリズム, 91, 16-31, 2011 年。

・田中吾朗・新田尭之『〜自然災害による経済被害額の推計手法について〜 ―平成 30 年 7 月豪雨を例に―』経済財政分析ディスカッション・ペーパー, 18, 4, 2018 年。

・日本政策投資銀行『東日本大震災から 5 年 〜新しい成長に向けて〜 阪神・淡路大震災を教訓に』2016 年。

・樋口美雄・乾友彦・杉山茂・若林光次・空閑信憲・細井俊明・池本賢悟・高部勲・植松良和・有光建依『統計からみた震災からの復興』ESRI Discussion Paper Series, 286, 2012 年。

・森泰二郎『東日本大震災が非被災地域の自動車輸出に与えた影響』PRI Discussion Paper Series, 19A-01, 2019 年。

・山澤成康『被災 3 県の月次 GDP の作成 ―間接被害の大きさを測る―』日本経済学会発表論文, 2014 年。

・Global Facility for Disaster Reduction and Recovery・世界銀行『東日本大震災からの教訓』大規模災害から学ぶ, 2012 年。

第 7 章　非金融資産

前章では国富について概観しました。本章では非金融資産を構成する固定資産、在庫、非生産資産（自然資源）について説明します。

1　恒久棚卸法

固定資産は GDP に計上される固定資本形成が蓄積したものです。固定資本形成の蓄積は恒久棚卸法という方法で測ります。ここでは簡素な仮設例で測りかたの概要をみます[127]。

ある機械が価格変動の影響を除いた実質値で毎年 100 億円購入されるとしましょう。この機械は、陳腐化や能率の低下によって、購入の翌年から毎年価値が 10%目減りします。図表 7−1 の白い部分は 2009 年から 2017 年までに購入された機械の価値が 2010 年から 2018 年にどれほど目減りしたかを表しています。2009 年に購入された機械の価値は 2010 年から 2018 年に累計で 61 億円目減りしました。2010 年に購入された機械の価値は累計で 57 億円目減りしました。2009 年から 2017 年までに購入された機械の価値は、2010 年から 2018 年までに累計で 349 億円目減りしました。

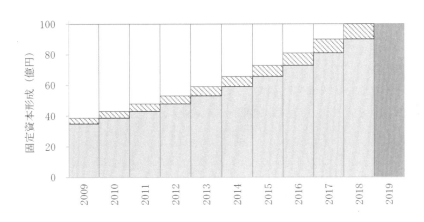

□2018年までの固定資本減耗計　▨2019年の固定資本減耗　▨固定資産（実質）

図表 7−1　恒久棚卸法の仮設例[128]

---

[127] 推計の実際については European Commission et al.（2009）の第 6 章節 6.240 から 6.257 と第 20 章、Organization for Economic Co-Operation and Developmnets（2009）、野村（2004）、三輪（2010）等を参照。野村（2004）は 93SNA 準拠であることに留意する。
[128] 恒久棚卸法は英語で Perpetual Inventory Method（PIM）と表記する。実質値について

図表 7−1 の斜線部は 2019 年に目減りした価値を表しています。2009 年に購入された機械の価値は 2019 年に 3.9 億円目減りしました。2010 年に購入された機械の価値は 2019 年に 4.3 億円目減りしました。2009 年から 2018 年に購入された機械の価値は、2019 年に合計で 65 億円目減りしました。

　すると、この機械の 2019 年末における実質価値は、白と斜線の部分を除いた右下の領域の面積になります。計算すると次式のようになります。

$$\underbrace{100\,億円 \times 10\,年}_{\substack{2018\,年までに購入\\された機械}} - \underbrace{349\,億円}_{\substack{2018\,年までに\\生じた価値の減耗}} + \underbrace{(100\,億円 - 65\,億円)}_{\substack{2019\,年に生じた\\価値の純増}} = 686\,億円$$

　固定資産は実質値ではなく、価格変動を加味した名目値で測ります。図表 7−2 は実質値を名目値に直すようすを表しています。機械の実質値は点線で囲まれた領域の面積によって、名目値は実線で囲まれた領域の面積によって表されます。価格が上がってきたことを反映して、名目値は 687 億円になります。固定資産の他の要素も類似の手順で推計します。

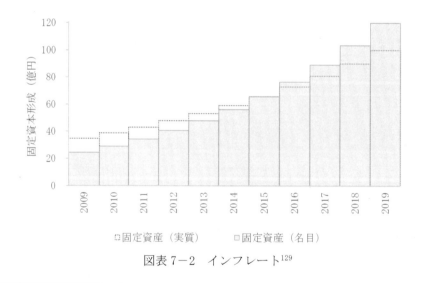

図表 7−2　インフレート[129]

は第 12 章を参照。固定資産には固定資本減耗を減ずる純概念と資産の生産力を反映して固定資本減耗を減じない粗概念がある。国民経済計算では純概念の固定資産を推計する。内閣府による固定資本ストック統計は、2008SNA への移行に伴い粗概念から純概念に移行した。資本財別実効償却率については、内閣府経済社会総合研究所国民経済計算部（2021, p. 143）の第 10 章表 10−1 を参照。野村（2004, pp. 49-50）によれば、劣化を幾何分布で捉えると、経齢的な効率と価格のプロファイルは等しくなる。
[129]　実質値を名目値に変換する作業をインフレートという。図表は 2015 年を基準年にインフレートした。実際の推計では、固定資産を年末のインフレーターで、固定資本減耗を年平均のインフレーターでインフレートするようである。異なるインフレーターを用いるこ

図表7−3は日本国の固定資産を実質値と名目値で表しています。名目値はおおよそ実質値の周りを推移しています。2016 年末以降、名目値が実質値を上回っています。ここ数年は値上がりが固定資産の評価増に寄与しているようです。

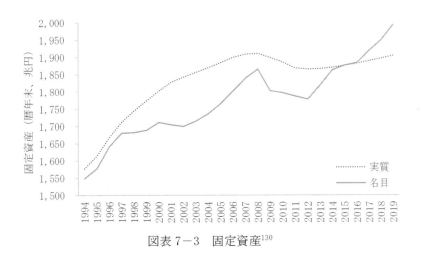

図表 7−3　固定資産[130]

2　固定資産

　前節の手順で推計される固定資産について詳しくみます。次ページの図表7−4は、固定資産のうち住宅と企業設備の蓄積を表しています。住宅は 1995 年末の 340 兆円から 2019 年末の 431 兆円へ 91 兆円増えました。学校、病院、ホテル、工場、商業用建物などを含む住宅以外の建物は 1995 年末の 182 兆円から 2019 年末の 200 兆円へ 18 兆円増えました。鉄道の軌道施設、発電施設、電気通信施設などを含む構築物は 1995 年末の 266 兆円から 2019 年末の 346 兆円へ 80 兆円増えました。その他の項目で目立つのは、150 兆円規模である業務用、建設用、農業用の機械や器具を含むその他の機械・設備と 100 兆円規模である研究開発です。

　図表7−5は固定資産のうち、政府の公共投資の蓄積を表しています。大半が道路、橋、堤防、ダムを含む構築物であることがわかります。構築物は 1995 年末の 333 兆円から 2019 年末の 582 兆円へ 249 兆円増えました。

とで生じるずれは調整額に計上する。
[130] 内閣府経済社会総合研究所, 国民経済計算からデータを取得し作成。

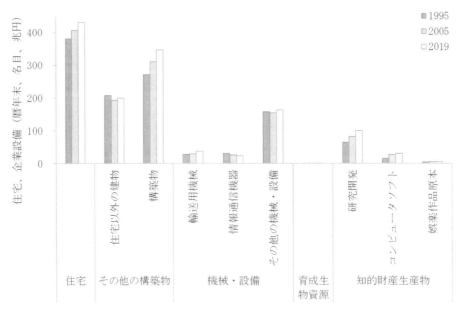

図表7−4　固定資本ストックマトリックス（住宅と企業設備の蓄積）[131]

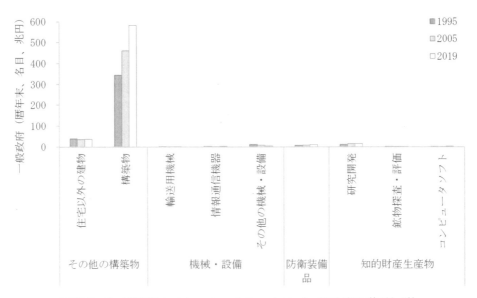

図表7−5　固定資本ストックマトリックス（一般政府の蓄積）[132]

---

[131] 内閣府経済社会総合研究所, 国民経済計算からデータを取得し作成。対応する固定資本
マトリックスは本書第3章の図表3−13を参照。項目の例示は内閣府経済社会総合研究所
国民経済計算部（2021, p. 164）の第11章表11−1を参照。
[132] 内閣府経済社会総合研究所, 国民経済計算からデータを取得し作成。対応する固定資本
マトリックスは本書第3章の図表3−14を参照。

図表7－6は、固定資産のうち額が多い構築物について、その増減を要因分解したものです。図中、資本調達額とは資産額が投資によって増えたことを表し、調整額とは資産額が価格変動によって増減したことを表します。1990年代後半から2000年代中頃にかけて、資本調達額は20兆円規模で減りました。これは、企業の国内での設備投資と政府の公共投資が同時期に大幅に減ったことを反映しています。資本調達額はその後も2兆円程度に低迷しています。調整額は年によって増減がみられますが、2009年に24兆円減ったことが目立ちます。これは、リーマンショックの後、資産価格が下落したことによります。

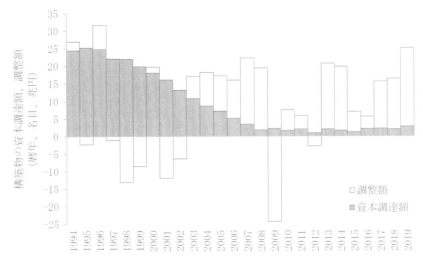

図表7－6　構築物の増減[133]

3　在庫

　次ページの図表7－7は在庫の蓄積を表しています。額が最も多いのは卸売業者の倉庫や小売業者のバックヤードにある流通在庫です。流通在庫は1995年末の30兆円から2019年末の36兆円へ6兆円増えました。10～15兆円規模であるのは工場で投入を待つ原材料在庫、工場の生産ラインにある仕掛品在庫、生産を終えて出荷を待つ製品在庫です。2兆円規模であるのは乳牛や成長途上の養殖魚、果樹などを含む育成生物資源です[134]。

---

[133] 内閣府経済社会総合研究所, 国民経済計算からデータを取得し作成。
[134] 内閣府経済社会総合研究所国民経済計算部（2021, pp. 167-168）によれば、在庫残高は昭和45年を基準とするベンチマーク・イヤー法で推計することを原則としている。育成生物資源の仕掛品在庫は恒久棚卸法で、弾薬類は財務書類から推計する。

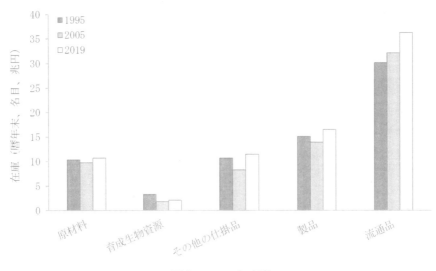

図表 7−7　在庫[135]

　図表 7−8 は在庫のうち額が多い流通在庫について、その増減を要因分解したものです。図中、資本調達額はその年の在庫変動を表し、調整額はその年の価格変動を表します。資本調達額が大幅にマイナスとなったのは 1999 年と 2009 年です。調整額が大幅なマイナスとなったのは 1995 年、2008 年、2015 年です。

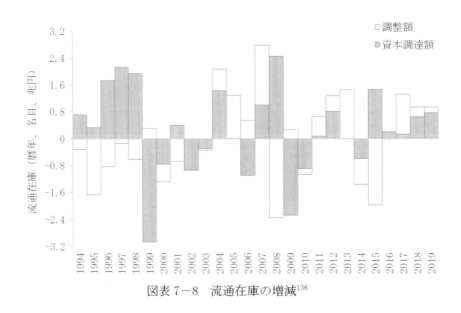

図表 7−8　流通在庫の増減[136]

---

[135] 内閣府経済社会総合研究所, 国民経済計算からデータを取得し作成。
[136] 内閣府経済社会総合研究所, 国民経済計算からデータを取得し作成。

4　非生産資産（自然資源）

　非生産資産（自然資源）とは、非金融資産のうち生産に由来しない土地、天然資源、漁場、原生林などです。生産に由来しない資産を国民貸借対照表に計上するのは、これらが生産に用いられるためです。

　図表7−9は非生産資産を表します。額が最も多いのは宅地です。宅地の額が大きいためにわかりにくいですが、その他の土地は130〜170兆円規模、畑や水田などの耕地は50〜130兆円規模です。鉱物・エネルギー資源は石炭・石油・天然ガス、金属鉱物、非金属鉱物を、漁場は養魚場、養殖池を含みます。非育成森林資源は国有林などです。

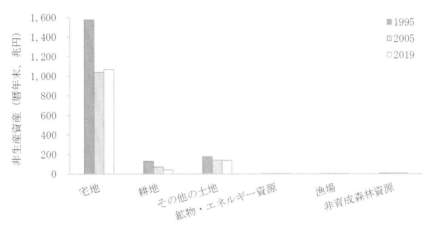

図表7−9　非生産資産[137]

　次ページの図表7−10は非生産資産のうち額が多い宅地について、その増減を要因分解したものです。宅地は非生産資産ですので、生産に関わる資本調達額はありません。地価の変動が計上される調整額だけがあります[138]。図表をみると、1990年代後半から2000年代半ばにかけてと、2000年代後半から2010年代はじめにかけて宅地の地価が下落したことがわかります。地価が下がると家賃や固定資産税の負担は軽くなりますが、住宅ローンの残債がある人や土地を担保に貸出している金融機関には担保割れという好ましくない影響があります。

---

[137] 内閣府経済社会総合研究所, 国民経済計算からデータを取得し作成。内閣府経済社会総合研究所国民経済計算部（2021, p. 170）によれば、その他の土地は耕地の評価額に係数を乗じて推計する。European Commission et al.（2009）の第10章節10.174から10.185を参照。

[138] 宅地の土地改良は、その他の資産量変動の項目で固定資産から宅地へ移転される。

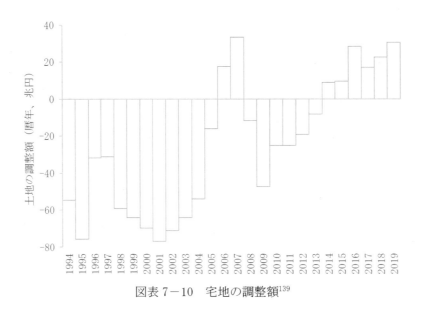

図表 7－10　宅地の調整額[139]

補論　固定資産の利益率

　図表 7－11 は固定資産、固定資産の利益率、設備投資の関係を表しています。縦軸にとる利益率は次式から算出したものです。

$$利益率 = \frac{当暦年の営業余剰・混合所得（純）}{前暦年末の固定資産}$$

　右図の横軸にとる純固定資本形成は次式から算出したものです。

$$純固定資本形成 = 総固定資本形成 - 固定資本減耗$$

　左図は、固定資産が少ない年に利益率は高く、固定資産が多い年に利益率は低い傾向を示しています。生産設備が増えるにしたがい、販売競争が激しくなり利益率が低下するという経済原則は、経済統計からも裏付けられるようです。右図は、利益率が高い年に純固定資本形成は多く、利益率が低い年に純固定資本形成は少ない傾向を示しています。企業は経済環境を注意深く観察し、高い利益率が見込めるとき積極的に設備投資するようです。

---

[139] 内閣府経済社会総合研究所, 国民経済計算からデータを取得し作成。

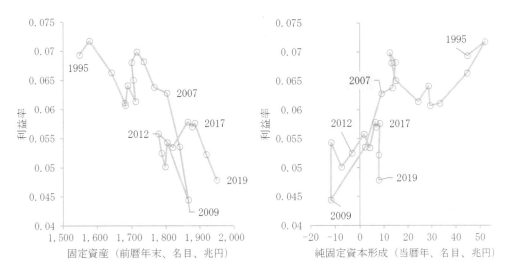

図表 7-11　固定資産、利益率、純固定資本形成[140]

　左右の図表をあわせて、平成期の固定資産、利益率、設備投資の推移をみます。1990 年代後半から 2000 年代の金融危機の時期を除いた 2007 年までの期間、固定資産が 300 兆円ほど増えても利益率は 6%〜7% と比較的安定していました。同時期に純固定資本形成は鈍化していました。

　その後生じた米国金融市場の混乱とリーマンショックによって利益率は 4% 台へ低下し、純固定資本形成はマイナスになりました。これは、その年の設備投資額を、同年に生じた設備の価値減少が上回ったことを意味します。世界的な不況に見舞われて利益率は低下し、設備投資は著しく減少し、資産額は目減りしました。

　2012 年以降、緩やかな景気回復が続きました。利益率は少しずつ高まり、純固定資本形成も回復しました。しかし、この回復も 2017 年でおわり、利益率の低下と設備投資の停滞が同時に生じています。今後公表されるデータは、コロナショックを反映して、さらに厳しいものになると予想されます。

---

[140] 内閣府経済社会総合研究所, 国民経済計算からデータを取得し作成。内閣府経済社会総合研究所, 資本サービスにおける参考系列が収録する内部収益率も参照。

参考文献

・内閣府経済社会総合研究所国民経済計算部『国民経済計算推計手法解説書（年次推計編）2015 年（平成 27 年）基準版』2021 年。

・野村浩二『資本の測定 ―日本経済の資本深化と生産性』慶應義塾大学出版会，2004 年。

・三輪篤生『我が国の国民経済計算ストック推計体系の見直し ―恒久棚卸法（Perpetual Inventory Method）導入のための検討』季刊国民経済計算，142，127-149，2010 年。

・European Commission, International Monetary Fund, Organization for Economic Co-operation and Development, United Nations, and World Bank, 2009, System of National Accounts 2008.

・Organization of Economic Co-Operation and Developmnets, 2009, Measuring Captail OECD Manual, second ed.

Reading List

・岩永真由・荻野覚『国民経済計算におけるのれん・マーケティング資産について』季刊国民経済計算，158，55-77，2015 年。

・大西淳也・梅田宙『耐用年数についての論点整理』PRI Discussion Paper Series，19A-05，2019 年。

・小川雅弘『SNA2008 における資本サービス』研究ノート，大阪経大論集，63，2，107-120，2012 年。

・木川美絵子・松谷萬太郎『民間企業資本ストック統計の現状と今後の資本統計の改善方向について』季刊国民経済計算，145，71-77，2011 年。

・高山航希『製造年を考慮した日本農業の資本ストック推計 ―耕耘機・農用トラクターを対象に―』農業経済研究，81，3，167-178，2009 年。

・内閣府経済社会総合研究所国民経済計算部『資本サービスに係る推計の概要』2017 年。

・二上唯夫『育成資産の推計について ―1 回だけ産出物を生産する動植物等の仕掛品在庫の推計―』季刊国民経済計算，141，1-24，2010 年。

・増田宗人『資本ストック統計の見方』日本銀行ワーキングペーパーシリーズ，00-5，2000 年。

第8章　金融資産と負債

経済活動にともない債権と債務が発生します。債権の残高は金融資産に、債務の残高は負債に計上されます。本章では日本国の金融資産と負債を詳しくみます。

1　金融資産と負債の項目

金融は長らく規制下にありましたが、1980年代から徐々に自由化され、金融商品が多様化してきました。それを反映して金融資産と負債には多くの項目があり、それぞれの項目に含まれる金融商品の種類も多くあります。図表8−1は金融資産と負債の項目とその内訳を表しています。

項目	内訳
貨幣用金・SDR	貨幣用金、SDR
現金・預金	現金、日銀預け金、政府預金、流動性預金、定期性預金、譲渡性預金、外貨預金
貸出・借入	日銀貸出金・借入金、コール・手形、民間金融機関貸出・借入、公的金融機関貸出・借入、非金融部門貸出金・借入金、割賦債権・債務、現先・債権貸借取引
債務証券	国庫短期証券、国債・財投債、地方債、政府関係機関債、金融債、事業債、居住者発行外債、CP、信託受益権、債権流動化関連商品
持分・投資信託受益証券	上場株式、非上場株式、その他の持分、投資信託受益証券
保険・年金・定型保証	非生命保険準備金、生命保険・年金保険受給権、年金受給権、年金基金の対年金責任者債権、定型保証支払引当金
金融派生商品・雇用者ストックオプション	フォワード系、オプション系、雇用者ストックオプション
その他の金融資産・負債	財政融資資金預託金、預け金、企業間信用・貿易信用、未収・未払金、直接投資、対外証券投資、その他対外債権・債務、その他

図表8−1　金融資産と負債の項目[141]

---

[141] European Commission et al.（2009）の第11章節11.44から11.130、内閣府経済社会総合研究所国民経済計算部（2021, pp. 149-150）の第10章表10−3を参照して作成。国民

87

貨幣用金・SDR は貨幣用金と SDR からなります。貨幣用金とは、支払い手段として日本国が保有する純度 995/1000 以上の金地金です[142]。20 世紀前半までゴールドは貿易の支払いにつかわれていました。現在ではゴールドを支払いにつかうことはありませんが、歴史の経緯から、日本銀行と日本政府が保有する金地金をこの項目に計上しています[143]。SDR とは、国際通貨基金（IMF）に加盟する国がその出資額に応じて保有する債権です。金融危機のとき外貨が急に必要になった国は、SDR と引き換えに国際通貨を得ます。本書執筆時点の国際通貨は米ドル、ユーロ、人民元、円、ポンドです[144]。

　現金・預金は現金、日銀預け金、政府預金、流動性預金、定期性預金、譲渡性預金、外貨預金からなります。現金とは日本銀行が発行する日本銀行券（お札）と日本政府が発行する貨幣（硬貨）です[145]。日銀預け金とは金融機関が保有する日銀当座預金、政府預金とは日本国政府が日本銀行に保有する預金です[146]。流動性預金、定期性預金、譲渡性預金は私たちや企業が民間金融機関にする預金です。外貨預金は外国通貨建ての預金です。

　貸出・借入は日銀貸出金・借入金、コール・手形、民間金融機関貸出・借入、公的金融機関貸出・借入、非金融部門貸出金・借入金、割賦債権・債務、現先・債券貸借取引からなります。債権側からみた内訳は次のとおりです。日銀貸出金は日本銀行による貸出です。コール・手形は金融機関の間で短期資金を融通するコールと手形です。民間金融機関貸出は銀行やノンバンクによる企業向け貸出、住宅ローン、消費者ローンなどです。公的金融機関貸出は国民経済計算で公的金融機関に分類される日本政策投資銀行などによる貸出です。非金融部門貸出金とは企業による取引先や子会社などへの貸出です。割賦販売とはフィナンシャル・リースなどです。現先・債券貸借取引とは債券を担保とする資金の貸出しや預金を担保とする債券の貸出などです。

　債務証券は国庫短期証券、国債・財投債、地方債、政府関係機関債、金融債、事業債、居住者発行外債、CP、信託受益権、債権流動化関連商品からなります。国庫短期証券、国債・

経済計算の金融資産と負債は日本銀行の資金循環統計をもとに推計される。資金循環については日本銀行調査統計局（2020）を参照。

[142] ゴールドの純度を表す金（K）は、100 を 24 等分した尺度である。24 金は 9999/10000 以上の純度である。純金は柔らかいので純度を下げて扱う。アクセサリーに用いられる 18 金は純度 75%（(100/24)×18＝75）である。

[143] 外国の中央銀行等に保管されている、日本国に所有権のあるゴールドもこの項目に計上されていると思われる。

[144] バスケットの比重は米ドル 41.73%、ユーロ 30.93%、人民元 10.92%、日本円 8.33%、ポンド 8.09% を基準に為替レートの変動を反映して変わる。1 米ドル＝0.7SDR ほどである。詳細は International Monetary Fund（2001）を参照。従来この項目に計上されていた IMF リザーブポジションは外貨預金に計上されるようである。

[145] 国民貸借対照表に貨幣を計上する方法については内閣府経済社会総合研究所国民経済計算部（2016, p.106）の脚注 119 を参照。

[146] 国民貸借対照表に政府預金を計上する方法については内閣府経済社会総合研究所国民経済計算部（2016, p.106）の節 3.184 を参照。

財投債、地方債、政府関係機関債は日本政府や地方公共団体が、金融債は金融機関が、事業債、居住者発行外債は金融機関ではない企業が発行する債券です。CP は企業が短期の資金繰りのために発行する短期社債です。信託受益権は指定合同運用の金銭信託など、債券流動化関連商品は資産担保証券などです。

持分・投資信託受益証券は上場株式、非上場株式、その他の持分、投資信託受益証券からなります。上場株式は日本の金融商品取引所で売買できる株式、非上場株式は金融商品取引所で売買できない株式です。その他の持分は特殊法人の出資金などです。投資信託受益証券は株式や不動産の投資信託などです。

保険・年金・定型保証は非生命保険準備金、生命保険・年金保険受給権、年金受給権、年金基金の対年金責任者債権、定型保証支払引当金からなります。非生命保険準備金とは損害保険や共済保険の責任準備金に加え、中途解約者に払う未経過保険料や未払い保険料の積立金である支払備金などです。生命保険・年金保険受給権は生命保険の責任準備金に加え、中途解約者に払う未経過保険料や未払い保険料の積立金である支払備金などです。年金受給権とは企業年金や退職金に関わる退職給付債務などです。年金基金の対年金責任者債権とは年金の積み立て不足分のことです。定型保証支払引当金とは保険数理が適用できる小口債権の予想保証額のことです。住宅ローンや中小企業信用の保証がこれにあたります。

金融派生商品・雇用者ストックオプションはフォワード系、オプション系、雇用者ストックオプションからなります。フォワード系とは金利先渡取引、金利スワップ、通貨スワップ、為替予約、外為証拠金取引などの含み損益です。オプション系とは国債先物オプション、東証株価指数オプション、金利オプションなどのプレミアムです。雇用者ストックオプションとは企業が働き手に付与する自社株式の購入権のうち、権利が確定したものです[147]。

その他の資産・負債は財政融資資金預託金、預け金・預り金、企業間信用・貿易信用、未収・未払金、直接投資、対外証券投資、その他対外債権・債務、その他からなります。財政投融資資金預託金とは財政投融資特別会計の財政投融資勘定が受け入れる預託金です。預け金・預り金とは信用取引の証拠金やゴールド積立の口座、不動産の保証金、プリペイドカードのチャージ金額などです。企業間信用・貿易信用とは売掛金・買掛金、受取手形・支払手形などです。未収・未払金とは金融機関の未収収益・未払費用、前受収益・前払費用や、カードにポイントを付与する企業の引当金などです。直接投資は直接的な支配を目的として、議決権の 10%以上を保有する対外投資です。対外証券投資は資金運用を目的として行う対外投資です。日本政府による米国債などへの投資も含みます。

このように、金融資産と負債には多くの項目があります。日本経済を読み解くには、多様な金融商品の特徴をよく知る必要があります。

---

[147] 雇用者ストックオプションの詳細は企業会計基準委員会（2005）を参照。

2 金融資産と負債の概要

　図表8-2は日本国の金融資産と負債を表しています。第6章で学んだように、金融資産と負債は対をなしています。たとえば、国内の金融機関が国内の企業に1億円貸付けると、金融機関の貸出と非金融法人企業の借入が1億円ずつ増えます。同時に、金融機関の負債となる預金と非金融法人企業の金融資産となる預金が 1 億円ずつ増えます。他の金融商品もほぼ同様ですので、金融資産と負債の額はおおよそ同じになります。

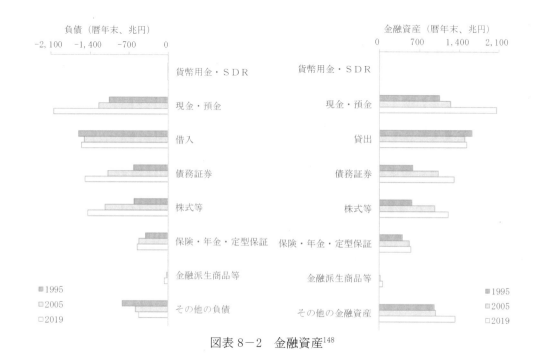

図表8-2　金融資産[148]

　図表8-3は金融商品別に金融資産と負債の差額を表しています。負債超過が目立つのは貸出・借入、債務証券、株式等（持分・投資信託受益証券）です。金融資産超過が目立つのはその他の金融資産・負債です。これは、日本の居住者が海外の証券や企業に投資するときその他の金融資産にまとめて計上しますが、非居住者が日本の居住者に貸付けたり、日本の居住者が発行した債務証券や株式を購入したりするとき、借入、債務証券、株式等（持分・投資信託受益証券）の各負債項目に計上するために生じます。全ての金融商品について金融

---

[148] 内閣府経済社会総合研究所, 国民経済計算からデータを取得し作成。負債は対外純資産を求めるとき控除するので負の符号をつけて掲げた。図中の株式等は持分・投資信託受益証券、金融派生商品等は金融派生商品・雇用者ストックオプションである。債務証券の大半は国庫短期証券と国債・財投債、地方債、政府関係機関債である。

資産と負債の差額を足し合わせたものは、日本国が海外に対して持つ純債権です。これを対外純資産といいます。

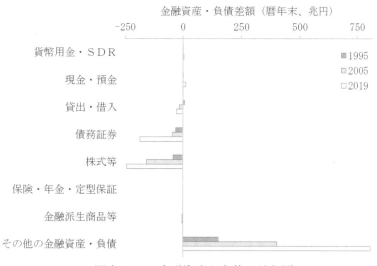

図表 8−3　金融資産と負債の差額[149]

　図表 8−4 は日本国の対外純資産を表しています。1995 年末と比べて、2019 年末の対外純資産は 289 兆円ほど増え、367 兆円に達しました。この額は世界最多です。

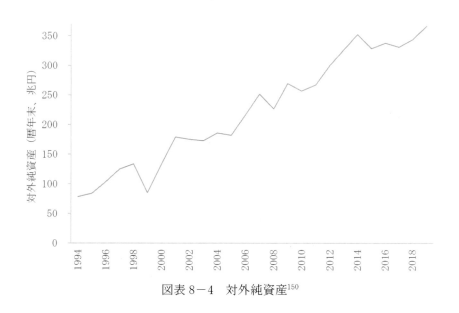

図表 8−4　対外純資産[150]

---

[149] 内閣府経済社会総合研究所, 国民経済計算からデータを取得し作成。
[150] 内閣府経済社会総合研究所, 国民経済計算からデータを取得し作成。

金融資産の裏にはそれに対応する負債があります。日本国の対外純資産の裏にも、他国の対外純負債があります。図表8−5は主な国の対外純資産・負債を表しています。日本の他にもドイツ、中国、香港、ノルウェーなどは多額の純資産を保有しています。これに対して、純負債を一手に引き受けているのが米国です。米国の好況が長く続いてきたため、日本、ドイツ、中国は米国へ輸出し、得た収入を米国の国債や企業に投資して運用してきました。世界経済は米国に頼りきりです。

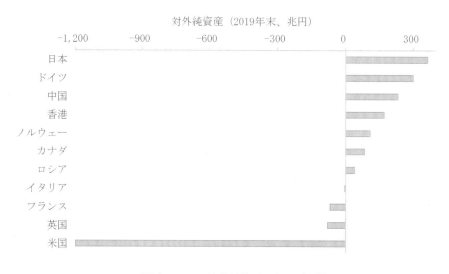

図表8−5　対外純資産（国別）[151]

3　金融資産と負債の詳細

　金融資産と負債について金融商品別に詳しくみます。図表8−6は貨幣用金・SDRの内訳を表しています。貨幣用金は対応する負債がない例外的な金融資産です。貨幣用金が支払いにつかわれるとき、支払い側の金融資産は減り、受取り側の金融資産は増えます。貨幣用金の大部分は日本銀行が保有しています。2005年度末と比べて、2019年度末の残高は倍ほどになっています。この期間に貨幣用金は取引されていないようですので、残高の増加はゴールドの値上がりによって説明されます[152]。SDRは国際通貨基金（IMF）をつうじた資金融通

---

[151] 財務省,本邦対外資産負債残高からデータを取得し作成。日本、ドイツ、中国の内需が拡大して不均衡が自然に解消するのが理想だが、各国は現況のグローバル・マネーフローに適応しているため容易でない。債権国が無理に緩和すると日本の80年代後半の歴史をたどることになり、米国が無理に引締めると世界経済は崩落する。

[152] 田中貴金属,金価格推移によれば、ゴールド1gの平均価格は2005年に1,619円、2019年に4,918円であった。ゴールドの評価についてはEuropean Commission et al.（2009）の第12章節12.103を参照。令和3年度第3次補正予算の財源捻出のために、政府は保有

の手段です。SDR は外国為替資金特別会計が保有しています。2005 年度末から 2019 年度末にかけて、金融資産と負債ともに残高が急増しました。これは 2008 年にリーマンショックが起きた後、国際通貨を持つわが国の役割が高まったことを反映しています。

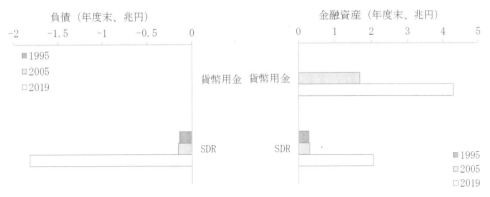

図表 8－6　貨幣用金・SDR[153]

　次ページの図表 8－7 は現金・預金の内訳を表しています。1995 年度末と 2005 年度末を比べると、定期性預金が減り、流動性預金が増えたことに気づきます。これはペイオフと預金金利の低下を反映しています。ペイオフとは、預金を取り扱う金融機関が破綻したときに確実に払い戻される金額の上限を定めるしくみです。2002 年 4 月から保護される定期性預金の上限が 1,000 万円に制限されました。当時、定期性預金の金利は 0.1% を下回り、ほぼ 0 金利でした[154]。利息をほとんど受け取れない定期性預金のリスクが高まったのを機に、多額の定期性預金が解約され、普通預金などに繰り入れられました。

　2005 年度末と 2019 年度末を比べると、日銀預け金と流動性預金が増えています。これは日本銀行が採用した量的質的金融緩和と財政支出の拡大を反映しています。量的質的金融緩和は、法定準備預金額をはるかに超える日銀当座預金を供給する政策です。この特殊な政策により、日本銀行の負債と金融機関の金融資産は増えました。政府が年金を受給者に散布すると年金受給者の預金は増えます。政府が補助金を企業に散布すると企業の預金は増えます。政府が公共事業を実施するとその事業を請け負う業者の預金が増えます。このように、

金塊 80 トン相当を外為特会に売却し、得た外貨を日本銀行へ渡す三角取引を実施したと報じられた。戦前の横浜正金銀行を彷彿とさせる。
[153]　内閣府経済社会総合研究所, 国民経済計算からデータを取得し作成。金融商品の詳細項目は年度ベースで公表されるため、年度末の値を掲げた。以下の図表も同様である。貨幣用金は 1995 年の段階ではその他の金融資産に分類されていたことに留意する。外国為替資金特別会計を通じた国際貢献については財務省主計局（2019, pp. 59-60）の「外為特会が保有する外貨資産による金融危機対応等」を参照。
[154]　日本銀行, 定期預金の預入期間別平均金利（新規受入分）, 預金金額 1 千万円以上のデータを参照。

政府の多岐にわたる財政支出は私たちや企業の預金を増やします。2005 年度末以降は、高齢化が進み年金・医療・介護の支出が増えています。それを反映して預金が増えています。

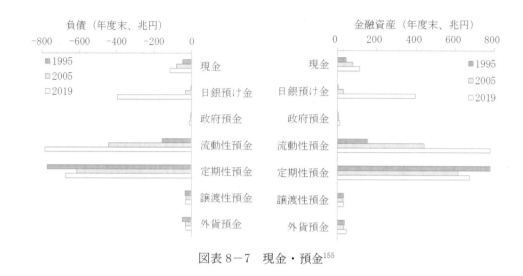

図表 8−7　現金・預金[155]

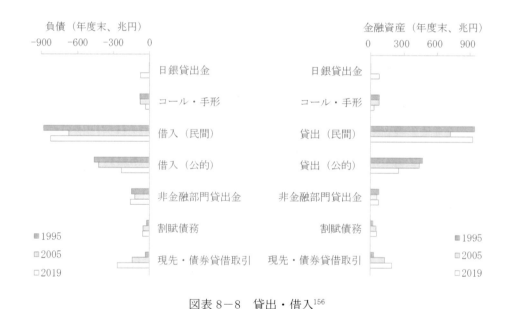

図表 8−8　貸出・借入[156]

---

[155] 内閣府経済社会総合研究所,国民経済計算からデータを取得し作成。量的質的金融緩和については佐々木（2016）の第 7 章を、財政支出については本書第 11 章を参照。
[156] 内閣府経済社会総合研究所,国民経済計算からデータを取得し作成。財政投融資計画については財務省,財政投融資関連統計を参照。2005 年度末と比べて 2019 年度末の民間金融機関の貸出と借入は 150 兆円規模で増えたが、このうち 79 兆円は銀行間取引（インターバンク・ポジション）によって説明されるようである。

図表8−8は貸出・借入の内訳を表しています。1995年度末と2005年度末を比べると、民間金融機関の貸出と借入が大幅に減っていることに気づきます。金融機関は返済の見込みがたたない不良債権を多く抱えていましたが、1990年代後半からその抹消が進みました。また、時同じくして金融機関の自己資本規制が強化され、新規の貸出がしづらくなりました。貸出と借入の大幅減はこれらの事情を反映しています。

　当時「瀕死の企業に滞留している資金を取り戻して健全な企業に振り向ければ、景気は回復する」といわれましたが、企業を人為的に倒産させた後に残ったのは経済の焼け野原でした。「野焼きをすれば、新しい芽が吹く」という考えは大変な誤りです。1990年代後半は日本経済のターニング・ポイントでした。2005年度末と2019年度末を比べると、公的金融機関の貸出と借入が大幅に減っていることに気づきます。これは公的金融機関に分類される財政投融資が縮小してきたことを反映しています。2005年度末に300兆円あった財政投融資計画の残高は2019年度末に139兆円まで減りました[157]。1995年度末からの10年間に民間金融を200兆円規模で減らし、2005年度末からの14年間に公的金融を200兆円規模で減らして、経済がうまくいくはずありません。

　図表8−9は債務証券の内訳を表しています。額が目立って増えているのは国債・財投債です。この一部は財政投融資の資金繰りが証券によって行われるようになったことによりますが、大半は税収不足を補うために発行した赤字国債の累積によります。

図表8−9　債務証券[158]

[157] 財務省,財政投融資,財政投融資関連統計からデータを取得。
[158] 内閣府経済社会総合研究所,国民経済計算からデータを取得し作成。

図表 8−10 は持分・投資信託受益証券の内訳を表しています。持分とは会社に対する出資者の地位である株式などです。企業会計では出資金は負債ではなく純資産に計上しますが、国民貸借対照表では株式会社が出資を得た金額は株式の負債に計上することに注意が必要です。国民貸借対照表では、資金調達の方法によらず、調達した金額を負債に計上します。

　1995 年度末と 2005 年度末の負債を比べると、上場株式と非上場株式がともに 200 兆円規模で増えたことに気づきます。この過半は株式の値上がりによるものであり、新株発行による増分は 100 兆円に届きません。また、株式の負債と金融資産の額を比べると、負債が金融資産を上回っています。差額は海外居住者による保有分です。1990 年代後半に金融が自由化され、国境を超えて投資しやすくなりました。それを反映して海外居住者の資金が日本の株式市場に流れ込んでいます。

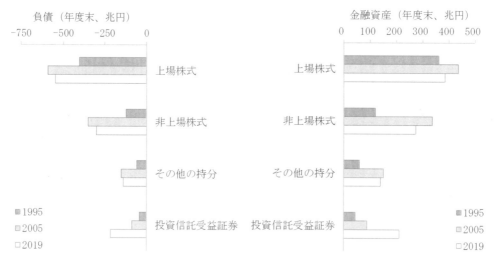

図表 8−10　持分・投資信託受益証券[159]

　図表 8−11 は保険・年金・定型保証と金融派生商品・雇用者ストックオプションの内訳を表しています。額が目立って増えたのは生命保険・年金保険受給権と年金受給権です。1995 年度末と比べて、2019 年度末の生命保険、年金、退職一時金の積立て分は 88 兆円増えました。

　図表 8−12 はその他の金融資産・負債の内訳を表しています。額が目立って増えているのは直接投資と対外証券投資です。1995 年度末と比べて、2019 年度末の直接投資は 164 兆円、対外証券投資は 522 兆円増えました。

[159]　内閣府経済社会総合研究所, 国民経済計算からデータを取得し作成。内閣府経済社会総合研究所国民経済計算部（2016, p. 111）の節 3. 214 によれば、非上場株式の評価額は上場株式の評価額と連動している。日本の対外証券投資はその他の金融資産に計上される。

図表8−11　保険・年金・定型保証と金融派生商品・雇用者ストックオプション[160]

図表8−12　その他の金融資産・負債[161]

---

[160] 内閣府経済社会総合研究所，国民経済計算からデータを取得し作成。図中、雇用者 stock op. とは雇用者ストックオプションである。金融派生商品・雇用者ストックオプションは、行使待ち期間にその他の金融資産に計上されたものが、行使可能期間入りしたときに金融派生商品・雇用者ストックオプションの項目に振り替えられる。詳細は吉野 (2011) を参照。

[161] 内閣府経済社会総合研究所，国民経済計算からデータを取得し、海外部門を減じて作成。

参考文献

・企業会計基準委員会『ストック・オプション等に関する会計基準』企業会計基準第8号，2005年。

・財務省主計局『令和元年度版 特別会計ガイドブック』2019年。

・佐々木浩二『ファイナンス —資金の流れから経済を読み解く—』創成社，2016年。

・内閣府経済社会総合研究所国民経済計算部『2008SNAに対応した我が国国民経済計算について（平成23年基準版）』2016年。

・内閣府経済社会総合研究所国民経済計算部『国民経済計算推計手法解説書（年次推計編）2015年（平成27年）基準版』2021年。

・日本銀行調査統計局『資金循環統計の解説』2020年。

・吉野克文『わが国の国民経済計算における雇用者ストックオプションの導入に向けて —2008SNAにおける雇用者ストックオプションの取り扱いとわが国における推計結果』季刊国民経済計算，145，23-47，2011年。

・European Commission, International Monetary Fund, Organization for Economic Co-operation and Development, United Nations, and World Bank, 2009, System of National Accounts 2008.

・International Monetary Fund, 2001, Financial Organization and Operations of the IMF, Pamphlet Series, 45, Sixth Edition.

Reading List

・企業会計基準委員会『ストック・オプション等に関する会計基準の適用指針』企業会計基準第11号，2005年。

・企業会計基準委員会『「従業員等に対して権利確定条件付き有償新株予約権を付与する取引に関する取扱い」等の公表』実務対応報告第36号，2018年。

・櫻本健『国民経済計算体系から見た資金循環統計における教育上の課題：資金循環統計関連のデータはSNAでどのように説明されているのか』社会と統計：立教大学社会情報教育研究センター研究紀要，2，3-14，2016年。

・中尾隆宏『我が国SNAにおける確定給付型企業年金等の記録方法の変更について』季刊国民経済計算，161，89-109，2017年。

・藤原裕行『我が国SNAにおける生命保険の実物取引と金融取引について』季刊国民経済計算，155，53-66，2014年。

第 3 部

制度部門別の統計

第 9 章　非金融法人企業

　第 1 部では一国経済のフローを記述する GDP と GNI、さらにこれらの純概念である NDP と NNI について学びました。第 2 部では一国経済のストックを記述する国民貸借対照表について詳しくみました。第 3 部では経済のフローとストックのつながりを制度部門別にみます。本章では非金融法人企業のフローとストックについて説明します。

1　制度単位と制度部門

　自らの意思で取引したり所有したりする経済主体を制度単位といいます。制度単位は目的、機能、行動の特徴にしたがい制度部門に分類します。図表 9−1 は分類のしかたを表しています。制度単位は居住者と非居住者に大別されます。日本に居住していない人、外国を本拠とする企業、外国の政府などはまとめて海外部門に分類します[162]。日本に居住する制度単位は家計、金融機関、非金融法人企業、一般政府、対家計民間非営利団体のいずれかに分類します。

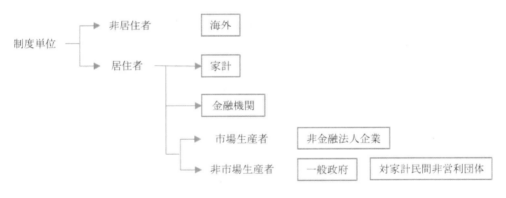

図表 9−1　制度単位の分類[163]

　日本に居住する制度単位を、家計とそれ以外に分けます。家計とはひとつ屋根の下に住む人のあつまりです。病院に長期入院している人、老人ホームに入居している人、寺院など宗

---

[162] 居住者については本書第 3 章の図表 3−5 を参照。
[163] 内閣府経済社会総合研究所国民経済計算部（2016, p. 26）の図表 4 を参照して作成。JSNA の分類手順は European Commission et al.（2009）第 2 章節 2.17、第 4 章 Figure 4.1、第 4 章節 4.10 から 4.16、4.23、4.24、4.37 が示す手順と異なることに留意する。

教施設で生活している人も家計に含めます[164]。つづいて、家計以外の制度単位を金融機関とそれ以外に分けます。金融機関とは主に金融サービスを生産する法人企業です[165]。さらに、家計でも金融機関でもない制度単位を市場生産者と非市場生産者に分けます。市場生産者とは、経済的に意味のある価格で販売するモノを生産する主体です。「経済的に意味のある価格」とは、売り手と買い手に影響を与える価格のことです。経済学の授業で「需要曲線と供給曲線が交わる点から均衡価格が導かれる」と学んだ人もいると思います。おおよそそのように価格が決まると考えられるモノを生産する制度単位を市場生産者といいます。市場生産者は非金融法人企業に分類します[166]。売値がそのように決まらないモノを生産する制度単位を非市場生産者といいます[167]。非市場生産者は一般政府と対家計民間非営利団体に分けます。一般政府は国、地方公共団体、社会保障基金からなります。対家計民間非営利団体は資金や人事の面で一般政府が支配していない非営利団体です[168]。

2　フローとストックのつながり

　図表9−2は経済活動を生産、分配、支出の流れで記録する諸勘定を表しています。GDPから固定資本減耗を減じた国内純生産（NDP）は生産勘定に記録されます。NDPに海外からの所得の純受取を加えた国民純生産（NNI）は第1次所得の配分勘定に記録されます。

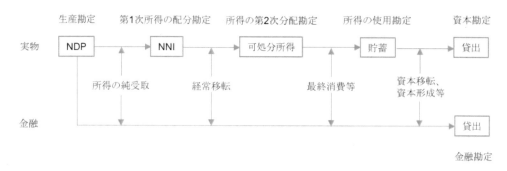

図表9−2　経常勘定、資本勘定、金融勘定[169]

---

[164] European Commission et al.（2009）の第4章節4.4、4.5、4.21、4.32、4.149から4.157、第24章節24.12を参照。

[165] European Commission et al.（2009）の第4章節4.19、4.28、4.29を参照。

[166] European Commission et al.（2009）の第4章節4.38から4.82を参照。

[167] 経済的に意味のある価格（economically significant prices）についてはEuropean Commission et al.（2009）の第4章節4.18、第6章節6.95から6.134、第22章節22.28から22.32を参照。

[168] 内閣府経済社会総合研究所国民経済計算部（2016, pp.33-34）を参照。European Commission et al.（2009）の第4章節4.6、4.9、4.30、4.31を参照。

[169] European Commission et al.（2009）の第2章Figure 2.1と2.2、第3章節3.9を参

私たちは税や社会保険料を政府へ納め、政府から年金を受け取ります。また、企業は損害保険料を納め、事故が起きたとき保険金を受け取ります。こうしたお金の流れを経常移転といいます。経常移転の後に手元に残る金額を可処分所得といいます。可処分所得は所得の第2次分配勘定に記録されます。可処分所得から私たちや政府が消費に支出した分を差し引いた金額を貯蓄といいます。貯蓄は所得の使用勘定に記録されます。

　政府は投資する企業に補助金を出すことがあります。また、地方公共団体が実施する公共事業の費用の一部を負担することがあります。資本形成を助けるための、直接の対価をともなわないこうしたお金の流れを資本移転といいます。資本移転の後、資本形成等に支出した分を差し引いた金額を貸出といいます。貸出は資本勘定に記録されます。

　貸出が正の値をとるとき、余剰資金は何らかの形で運用されています。貸出が負の値をとるとき、不足資金は何らかの形で調達されています。運用と調達のようすを金融商品別にまとめたものが金融勘定です。理論上、金融勘定の貸出は資本勘定の貸出と同額になります。

　非金融資産、金融資産、負債には時価があります。時価の変化は、図表9−3のように、調整勘定に記録されます。時価変動を加味した非金融資産、金融資産、負債は期末の貸借対照表にあらわれます。SNA（国民経済計算）の貸借対照表は、企業の貸借対照表と異なり、時価で記録します。

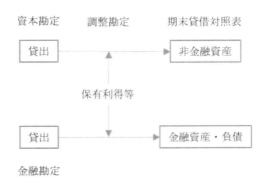

図表9−3　蓄積勘定と期末貸借対照表[170]

　第3部では、図表9−2と図表9−3の流れにそってフローとストックのつながりを制度部門別にみます。本章では非金融法人企業、第10章では家計等、第11章では一般政府について説明します。

照して作成。詳細はEuropean Commission et al.（2009）の第7章から第11章を参照。GNIは統計上の不突合を含むが、各制度部門の第1次所得バランスは統計上の不突合を含まないことに留意する。
[170] European Commission et al.（2009）の第12章と第13章を参照して作成。

3 非金融法人企業

　生産のために自ら権利・義務の主体としてふるまう市場生産者を法人企業といいます。そのうち、金融サービスを主な生産物としない制度単位を非金融法人企業といいます[171]。

　非金融法人企業には、企業と聞いて私たちが思い浮かべる株式会社のみならず、有限責任投資組合（LLP）、協同組合が含まれます。さらに、図表9−4が示すように、中央政府の一般会計と特別会計、地方政府の普通会計と公営事業会計、特殊法人、認可法人、独立行政法人などの一部も非金融法人企業に含まれます。

所属	数	例
中央政府	4	公務員住宅賃貸（一般会計）、特許特別会計
地方政府	22	公務員住宅賃貸（普通会計）、上水道・簡易水道事業、病院事業、介護サービス事業、収益事業（競艇、競馬、宝くじ等）
特殊法人	24	成田国際空港、日本たばこ産業、日本電信電話、日本郵政、日本郵便、日本放送協会、東京地下鉄
認可法人、独立行政法人、地方独立行政法人、その他	65	公立病院、国立印刷局、国立がん研究センター、国立大学法人の附属病院、造幣局、都市再生機構、日本下水道事業団

図表9−4　非金融の公的企業[172]

4 非金融法人企業の所得と支出

　非金融法人企業の所得から支出への流れを、第1次所得の配分勘定、所得の第2次分配勘定、所得の使用勘定の順にみます。

◇第1次所得の配分勘定

　図表9−5はNNIのうち非金融法人企業に配分される金額の内訳を表しています。右図の一番上にある営業余剰（純）は営業余剰（総）から固定資本減耗を減じたもので、日本国内の経済活動から企業が得る「本業のもうけ」です。1995年から2005年にかけて8兆円増えましたが、2005年から2019年にかけて8兆円減りました。24年も経てば企業のもうけは

---

[171] European Commission et al.（2009）の第4章節4.38から4.82を参照。
[172] 内閣府経済社会総合研究所国民経済計算部（2016）の巻末資料3を参照して作成。金融機関の所得支出と資産負債については本書の範囲を超えるため割愛する。

倍くらいになるのが自然ですが、もうけは元の水準に戻ってしまいました。

　その他の項目をみましょう。利子は通常の利子のほか、確定給付型企業年金の積み立て不足なども含みます[173]。法人企業の分配所得は企業が保有する株式から得る配当や公営住宅の使用料などです。海外直接投資に関する再投資収益は 10％を超える議決権を持つ海外関連会社や海外支店などの留保利益です。留保利益は海外の関連会社や支店にためおかれ再投資されます。賃貸料は土地の賃貸料や著作権の使用料などです。1995 年と比べて、2019 年の支払い利子は借入れの減少にともない大幅に減りました[174]。法人企業の分配所得と海外直接投資に関する再投資収益は、ビジネスのグローバル化を反映して受け払いともに増えました。賃貸料には大きな変化がみられませんでした。

　左右の項目を合計した第 1 次所得バランス（純）は、1995 年の 23 兆円から 2019 年の 46 兆円へ 23 兆円増えました。この増加の多くは支払い利子の縮減によるものです。

図表 9 － 5　第 1 次所得の配分勘定[175]

---

[173] 内閣府経済社会総合研究所国民経済計算部（2016, pp. 53-54）を参照。

[174] この点については本書本章の図表 9 － 10 を参照。

[175] 内閣府経済社会総合研究所, 国民経済計算からデータを取得し作成。支払いを表す左図は負の符号を付けて掲げた。右図の賃貸料等とは賃貸料と保険契約者に帰属する投資所得の和である。賃貸料が大半を占める。利子は実際に受け払いする額ではなく、参照利子率から算出される利子額であることに留意する。山崎（2016）を参照。

◇所得の第2次分配勘定

　図表9−6は第1次所得バランス（純）が再分配されるようすを表しています。左図は企業が払う金額を表しています。所得・富等に課される経常税は法人税や事業税などです。その他の社会保険非年金給付は福祉として雇用者へ給付する退職一時金などです。その他の経常移転は損害保険の保険料などです。1995年と比べて、2019年の所得・富等に課される経常税と非生命純保険料は1兆円増え、その他の社会保険非年金給付は1兆円減りました。その他の経常移転は2兆円増えました。右図は企業が受け取る金額を表しています。雇主の帰属社会負担は支払側の社会保険非年金給付と同額計上される項目です[176]。その他の経常移転は寄付金や罰金などです。雇い主の帰属社会負担は1兆円減り、非生命保険金とその他の経常移転は1兆円増えました。

　左右の項目を合計した可処分所得（純）は、1995年の2兆円から2019年の24兆円へ22兆円増えました。非金融法人企業は最終消費しない制度部門ですので、所得の使用勘定はありません。よって、図表9−2のフローチャートにある可処分所得（純）と貯蓄（純）は同額になります。

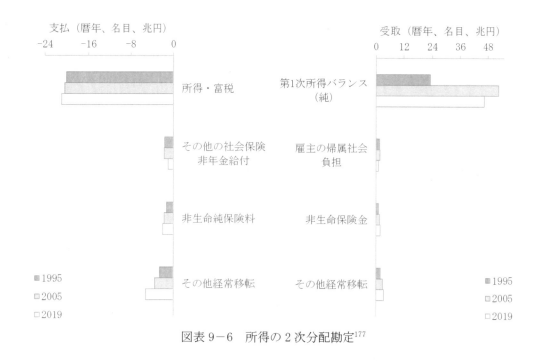

図表9−6　所得の2次分配勘定[177]

---

[176] この項目と社会保険非年金給付については内閣府経済社会総合研究所国民経済計算部（2016, pp. 61-65）を参照。この資料の参考図表3によれば、その他の社会保険非年金給付（雇主の帰属社会負担）は会計基準非対象の退職一時金等に対応する。
[177] 内閣府経済社会総合研究所, 国民経済計算からデータを取得し作成。支払いを表す左図は負の符号を付けて掲げた。

5　非金融法人の蓄積

　非金融法人企業は貯蓄(純)の一部を資本形成などに充てます。残額は純貸出となります。純貸出は資本勘定に記録されます。純貸出が正のとき余剰資金は何らかの形で運用され、負のとき不足資金は何らかの形で調達されています。このようすは金融勘定に記録されます。純貸出に保有利得を加味した期末残高は期末貸借対照表に記録されます。以下これらの勘定についてみます。

◇資本勘定と金融勘定
　図表9−7は純貸出を実物面からみたものです。左図は非金融法人企業が払う金額を表しています。総固定資本形成と固定資本減耗の差額である純固定資本形成と在庫変動の合計は、NDP を構成する純資本形成のうち、非金融法人企業の貢献分を表します。土地の純購入は土地の購入額と売却額の差です。資本移転等は定型保証金などです。土地の純購入と資本移転の受取・支払差額が正のとき資本形成に充てられる金額は増えます。負のときには資本形成に充てられる金額は減ります。右図は非金融法人企業が受取る金額を表しています。資本移転等は投資補助金などです。

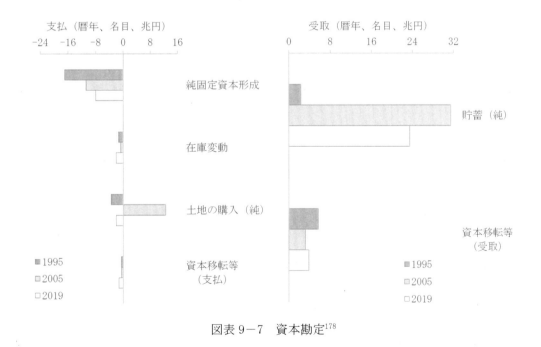

図表9−7　資本勘定[178]

---

[178] 内閣府経済社会総合研究所,国民経済計算からデータを取得し作成。

左右の項目を合計した純貸出は1995年の－15兆円から2019年の14兆円へ29兆円増えました。純貸出がプラスになるのはよいことのように思えますが、必ずしもそうではありません。むしろ、純貸出がマイナスになるほど積極的に設備投資をするのが企業本来の姿です。貯蓄（純）が増えたにもかかわらず純固定資本形成が減っているのは、国内の企業活動が低迷してきたことの証左です[179]。

　図表9－8は純貸出を金融面からみたものです。資産変動を捉える左図の項目のうち目立つのはその他の増加です。これは、グローバル化にともない、海外直接投資や対外証券投資が増えたことを反映しています。負債変動を捉える右図の項目のうち目立つのは借入です。2005年にみられる借入の大幅増加と債務証券の大幅減少は技術的要因による部分が大きいと思われます[180]。

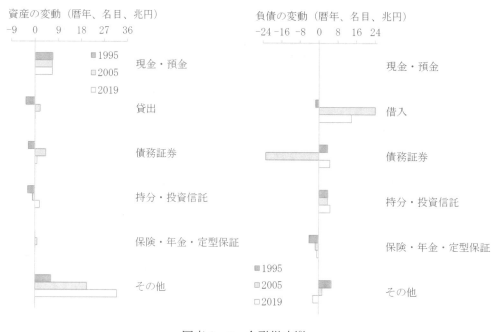

図表9－8　金融勘定[181]

[179] この貸出は、私たちが思い浮かべる銀行貸出ではなく、金融資産と負債の差の変化を意味する。差が広がるとき貸出は正の値をとり、縮まるとき貸出は負の値をとる。
[180] 国鉄清算事業団と国有林野事業特別会計の債務が中央政府に移転されたこと（内閣府経済社会総合研究所国民経済計算部,2007）、金融資産・負債の基礎資料である資金循環統計の作成方法が2005年に変わったこと、銀行が金融危機から立ち直り貸出に前向きになったこと（日本銀行,2006）等が影響していると思われるが不詳である。
[181] 内閣府経済社会総合研究所,国民経済計算からデータを取得し作成。図中、その他の金融資産と負債は金融派生商品・雇用者ストックオプションを含む。実物取引と金融取引に生じる純貸出の不突合については藤原（2014）を参照。定型保証については山崎（2016）を参照。

図表 9−9 は非金融法人企業の第 1 次所得バランス、可処分所得（貯蓄）、貸出（資本勘定）、貸出（金融勘定）をまとめたものです。1995 年の純貸出はマイナスでしたが、2005 年と 2019 年の純貸出はプラスです。これは、企業が事業家から投資家へ変貌したことを意味します。企業を事業家とみなす伝統的な経済学には修正が求められそうです。

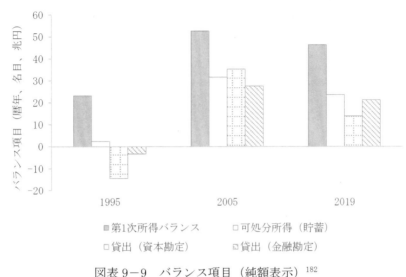

図表 9−9　バランス項目（純額表示）[182]

◇資産と負債

　次ページの図表 9−10 は非金融法人企業の正味資産の内訳を表しています。非金融資産のうち目立つのは固定資産と土地です。金融資産と負債のうち、運用側になる項目は現預金とその他の資産、調達側になるのはその他の項目です。調達側で目立つのは借入と持分・投資信託受益証券です[183]。

　正味資産の増減を項目別にみましょう。1995 年末と比べて、2019 年末の固定資産は 158 兆円増え、土地は 185 兆円減っています。企業が借入をするとき、多くの場合土地を担保にします。土地の評価額が下がると借入金の返済圧力が高まります。確かに、貸出と借入の差額は 159 兆円減っています[184]。代わりに、持分・投資信託受益証券の調達は 368 兆円増えています。企業は、資金調達の軸足を借入から株式発行に移したようです。

　加えて、現預金とその他の資産と負債差額が増えているのも目立ちます。これは、上で述べたように、企業が投資家に変貌していることを示しています。

---

[182] 内閣府経済社会総合研究所,国民経済計算からデータを取得し作成。
[183] 本書本章の図表 9−3 で示したように、資本勘定と金融勘定の値を保有利得で調整して期末貸借対照表に掲げる。
[184] 本書第 6 章で説明した不良債権の抹消も大きく影響しているようである。

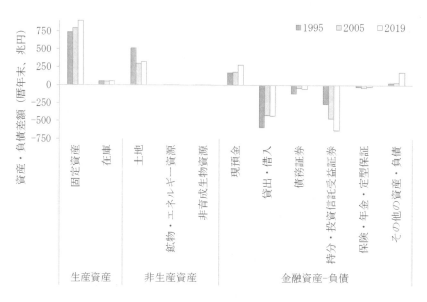

図表 9－10　正味資産[185]

　図表 9－11 は 2019 年末の非金融法人企業の貸借対照表です。非金融法人企業は土地、工場、建物、金融資産をバランスよく保有しています。正味資産は 605 兆円に達しています。

図表 9－11　非金融法人企業の貸借対照表[186]

---

[185] 内閣府経済社会総合研究所, 国民経済計算からデータを取得し作成。図中、その他の金融資産と負債は金融派生商品・雇用者ストックオプションを含む。
[186] 内閣府経済社会総合研究所, 国民経済計算からデータを取得し作成。正味資産とは各制度部門に帰属する国富である。

参考文献

・内閣府経済社会総合研究所国民経済計算部『平成 17 年度国民経済計算確報及び平成 8〜15 年度遡及改定結果（フロー編）ポイント』2007 年。

・内閣府経済社会総合研究所国民経済計算部『2008SNA に対応した我が国国民経済計算について（平成 23 年基準版)』2016 年。

・日本銀行『金融システムレポート』2006 年。

・藤原裕行『我が国 SNA における生命保険の実物取引と金融取引について』季刊国民経済計算，155，53-65，2014 年。

・山崎朋宏『我が国 SNA における金融・保険産出額の推計について』季刊国民経済計算，159，69-82，2016 年。

・European Commission, International Monetary Fund, Organization for Economic Co-operation and Development, United Nations, and World Bank, 2009, System of National Accounts 2008.

Reading List

・大森徹『「間接的に計測される金融仲介サービス」概念の検討』日本銀行ワーキングペーパーシリーズ，03-09，2003 年。

・大森徹『間接的に計測される預金・貸出サービス価格の推計手法について —金利データを使用したユーザーコスト・アプローチによる預金・貸出サービス価格の推計とその問題点—』日本銀行ワーキングペーパーシリーズ，03-10，2003 年。

・田近栄治・布袋正樹・柴田啓子『税制と海外子会社の利益送金 —本社資金需要からみた「2009 年度改正」の分析—』経済分析，188，68-92，2012 年。

・田近栄治・布袋正樹『日本企業の海外子会社からの利益送金 —本社の配当政策からみた分析—』経済分析，182，1-24，2009 年。

・富永健司『2008 年以降の日本企業の現預金保有』PRI Discussion Paper Series，16A-12，2016 年。

・内閣府経済社会総合研究所国民経済計算部『「平成 17 年度国民経済計算確報及び平成 8〜15 年度遡及改定結果」利用上の注意』。

・内閣府経済社会総合研究所国民経済計算部『「平成 17 年度国民経済計算確報及び平成 8〜15 年度遡及改定結果」利用上の注意（追加）』2006 年。

・内閣府経済社会総合研究所国民経済計算部分配所得課『間接的に計測される金融仲介サービス（FISIM）の導入による国民経済計算体系への影響について』季刊国民経済計算，146，1-27，2011 年。

・Hosono, Kaoru, Daisuke Miyakawa, and Miho Takizawa, Cash Holdings: Evidence from Firm-Level Big Data in Japan, 経済分析，200，135-163，2019 年。

第 10 章　家計、持ち家、個人企業

　本章では家計の所得と支出、資本と金融の蓄積について詳しくみます。

1　家計、持ち家、個人企業

　家計の経済活動は多様です。家計は働き手として、消費者として、持ち家産業と個人企業の運営者としてふるまいます。

　持ち家とは家計自らが所有する住居です。SNA（国民経済計算）では、持ち家を持つ家計は自らに持ち家を貸す貸家業を営むと考えます。実際には、持ち家を自らに貸して家賃の受け払いをすることはありませんが、本章の補論で説明するように、家計が営む産業とみなします。個人企業とは零細な農家や個人商店などの自営業です。利益を求めて活動する持ち家と個人企業は本来企業に分類すべきですが、これらの所得、支出、財産は家計と切り離すことが難しいので、家計とともに記録します。

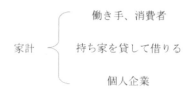

図表 10−1　家計の多様な活動[187]

2　家計等の所得と支出

　持ち家と個人企業を含む家計の所得から支出への流れを、第 1 次所得の配分勘定、所得の第 2 次分配勘定、所得の使用勘定の順にみます[188]。

---

[187] European Commission et al.（2009）の第 4 章節 4.149 から 4.165、第 24 章節 24.50 から 24.58 を参照して作成。持ち家については European Commission et al.（2009）の第 6 章節 6.34 と 6.117 を、個人企業については European Commission et al.（2009）の第 24 章節 24.6 から 24.9 と 24.47 から 24.49 を参照。個人企業は非法人企業、準法人企業とも表記する。
[188] 表記が煩雑になるのを避けるために、以下「家計」という語を家計、持ち家、個人企業の意味で用いる。

◇第1次所得の配分勘定

　図表 10−2 は NNI のうち家計に配分される金額の内訳を表しています。右図の一番上にある賃金・俸給は私たちの給与です。雇主の社会負担は年金、医療、介護の社会保険料などのうち雇主が負担する分です[189]。持ち家の営業余剰（純）はみなし産業である持ち家産業のもうけ、混合所得は個人企業のもうけです。1995 年と比べて、2019 年の賃金・俸給は 9 兆円、雇主の社会負担は 12 兆円、持ち家の営業余剰（純）は 7 兆円増えましたが、個人企業の混合所得（純）と受取利子はともに 18 兆円減りました。左図は支払いの内訳を表しています。1995 年と比べて、2019 年の消費者、持ち家、個人企業の支払利子はいずれも減りました。金利低下にともなう利子の受け払いは、家計にとって差し引き 10 兆円の損になりました[190]。

　左右の項目を合計した第 1 次所得バランス（純）は、1995 年の 345 兆円から 2019 年の343 兆円へ 2 兆円減りました。24 年の時を経て家計所得が減っているのですから、景気回復を実感できるはずがありません。

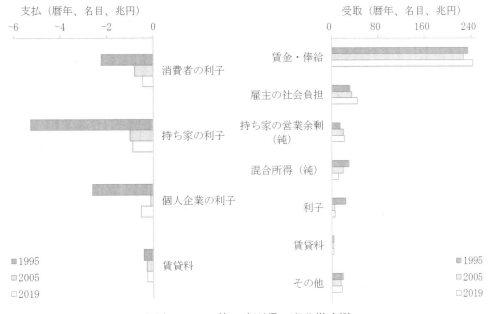

図表 10−2　第 1 次所得の配分勘定[191]

---

[189] 雇主の社会負担は児童手当、発生主義で記録される退職一時金、年金制度の手数料（控除項目）も含む。確定給付型年金については多田（2013）、中尾（2017）を参照。退職一時金については企業会計基準委員会（2012）を参照。
[190] 標準的な経済理論は低金利が経済を活性化すると主張するが、平成期の家計にはボディブローのように効いたようである。第 9 章で非金融法人企業が投資家に変質していることを示したが、先入観を排して日本国の得失を分析してよいかもしれない。
[191] 内閣府経済社会総合研究所, 国民経済計算からデータを取得し作成。左図の個人企業の

◇所得の第2次分配勘定

　図表10-3は第1次所得バランス（純）が再分配されるようすを表しています。左図は支払いの内訳を表しています。所得・富等に課される経常税は所得税や住民税などです。雇主の社会負担は図表10-2の右図にある項目と同じものです。家計の社会負担は年金、医療、介護、雇用の保険料のうち働き手が負担する金額です[192]。実際には、これらの社会負担は雇主が直接一般政府に納めることが多いのですが、SNA（国民経済計算）では社会保険料込みの給与を受け取った家計が一般政府に納めるものとして記録します。その他の経常移転は住宅ローンの保証料や火災保険・損害保険の保険料、仕送りなどです。右図は家計が受け取る金額を表しています。現金による社会保障給付は年金、雇用保険、児童手当の給付です。その他の社会保険給付は企業年金と退職一時金の給付です。社会扶助給付には生活保護や恩給の給付が計上されます。その他の経常移転は火災保険・損害保険の給付、仕送りなどです。近年は莫大な富が毎年現役世代から高齢者へ移転されています。

　左右の項目を合計した可処分所得（純）は、1995年の302兆円から2019年の305兆円へ3兆円増えました。再分配後の所得も、24年の時を経てごくわずか増えただけでした。

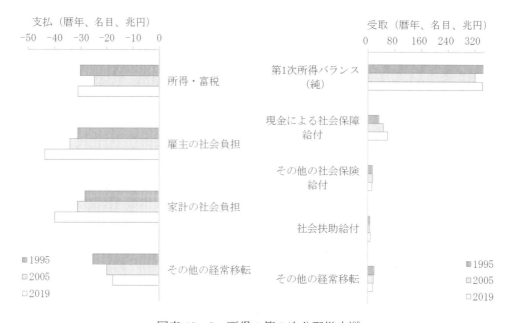

図表10-3　所得の第2次分配勘定[193]

利子は農林水産業の利子とその他の産業の利子の和であり、右図のその他は配当とその他の投資所得の和である。
[192] 家計の社会負担は、上記のほか年金受給権に係る投資所得、年金制度の手数料（控除項目）を含む。
[193] 内閣府経済社会総合研究所, 国民経済計算からデータを取得し作成。現物所得の再分配勘定は本書の範囲を超えるため説明を割愛する。

◇所得の使用勘定

　図表 10-4 は可処分所得（純）を消費に支出した後、家計の手元にいくら残るのかを表しています。右図の年金受給権の変動とは、発生主義に基づく企業年金と退職一時金の給付と負担の差額です。この値がプラスであるとき、消費に支出できる金額は可処分所得より多くなります。値がマイナスであるとき、消費に支出できる金額は可処分所得より少なくなります。年金受給権の変動は少額です。

　左図は家計最終消費支出を家計最終消費支出（除：持ち家の帰属家賃）と持ち家の帰属家賃に分けて掲げています。持ち家の帰属家賃とは、住宅を保有する家計が自らに納める家賃です。自らに家賃を納める支出の実態はありませんが、収入の実態がない持ち家の営業余剰（純）を可処分所得（純）に計上していますので、統計の一貫性を保つために家賃を納めるものとして記録します。

　左右の項目を合計した貯蓄（純）は、1995 年の 34 兆円から 2019 年の 7 兆円へ 27 兆円減りました。

図表 10-4　所得の使用勘定[194]

3　家計等の蓄積

　家計は貯蓄（純）の一部を資本形成に充てます。残額は純貸出となります。以下、純貸出を実物面から記録する資本勘定、純貸出を金融面から記録する金融勘定、保有利得を加味した期末残高を記録する期末貸借対照表をみます。

---

[194]　内閣府経済社会総合研究所, 国民経済計算からデータを取得し作成。

◇資本勘定と金融勘定

　図表 10−5 は純貸出を実物面からみたものです。左図に掲げた資本移転（支払）とは、贈与税や相続税などのことです。納税すると家計の財産は減りますので、この値はマイナスになります。家計による資本形成の大部分は住宅です。純固定資本形成がマイナスであるとき、建設される住宅は住宅の劣化分を上回っています。純固定資本形成がプラスであるとき、建設される住宅は住宅の劣化分を下回っています。2019 年は値がプラスですので、新規の住宅投資が住宅の劣化分を下回っています。土地の純購入は土地の売却収入と購入支出の差額です。この値がプラスのときには土地の売却金額が購入金額を上回りますので、資本形成に充てられる資金が増えます。この値がマイナスのときには土地の売却金額が購入金額を下回りますので、資本形成に充てられる資金が減ります。

　左右の項目を合計した純貸出は、1995 年の 33 兆円から 2019 年の 12 兆円へ 21 兆円減りました。

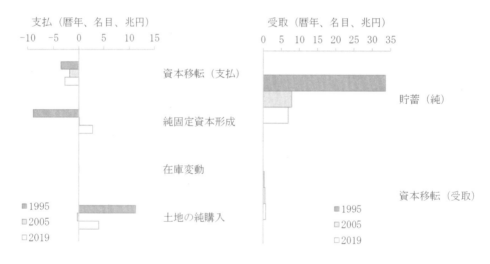

図表 10−5　資本勘定[195]

　図表 10−6 は純貸出を金融面からみたものです。資産変動を捉える左図の項目のうち目立つのは現金・預金と保険・年金・定型保証です[196]。負債変動を捉える右図に掲げた借入の多くは住宅ローンです。2005 年に借入が減りましたが、2019 年には再び借入が増えています。

---

[195] 内閣府経済社会総合研究所,国民経済計算からデータを取得し作成。
[196] この項目の年金は、国民年金と厚生年金を含まない。公的年金は本書本章図表 10−3 の右図に掲げた現金による社会保障給付に計上される。詳細は中尾（2017）を参照。

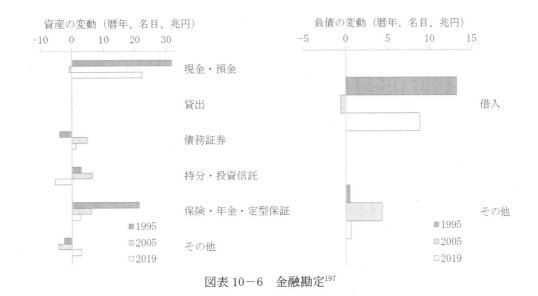

図表 10−6　金融勘定[197]

　図表 10−7 は家計の第 1 次所得バランス、可処分所得、貯蓄、貸出（資本勘定）、貸出（金融勘定）をまとめたものです。どの年も、家計は所得の大半を消費と資本形成に使っていますが、1995 年と比べて、2005 年と 2019 年の貸出は少なくなっています。

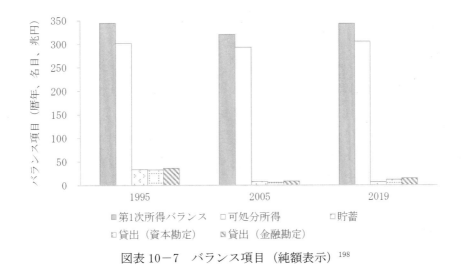

図表 10−7　バランス項目（純額表示）[198]

[197] 内閣府経済社会総合研究所, 国民経済計算からデータを取得し作成。
[198] 内閣府経済社会総合研究所, 国民経済計算からデータを取得し作成。

◇資産と負債

　図表 10−8 は家計の正味資産の内訳を表しています。非金融資産のうち目立つのは固定資産と土地で、大部分は住宅とその敷地です。金融資産と負債の差額のうち、運用側は現預金、持分・投資信託受益証券、保険・年金・定型保証、調達側は借入が目立ちます。

　家計の正味資産は 1995 年末に 2,482 兆円、2005 年末に 2,479 兆円、2019 年末に 2,692 兆円でした。1995 年末と比べて 2019 年末の正味資産は 210 兆円増えました。現預金、持分・投資信託受益証券、保険・年金・定型保証が増えたことが寄与しています。金融資産の増加のうち現預金の増加は、年金の受け取りによるものがかなりの額を占めています[199]。

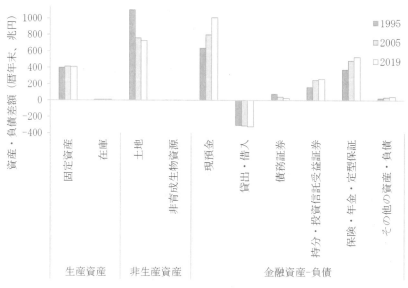

図表 10−8　正味資産[200]

　図表 10−9 は 2019 年末の家計の貸借対照表です。家計は土地などの非生産資産を 728 兆円、住宅などの生産資産を 421 兆円保有していました。また、現預金、株式、保険などの金融資産を 1,884 兆円保有し、借入れなどの負債を 340 兆円負っていました。にわかに信じられませんが、家計は 2,692 兆円もの正味資産を保有していました。

---

[199] 日本銀行, 資金循環をみると、家計の預金は国債残高とともに増えてきていることがわかる。国債残高の増加は社会保障給付費の増加と軌を一にしている。社会保障については本書第 11 章を参照。
[200] 内閣府経済社会総合研究所, 国民経済計算からデータを取得し作成。

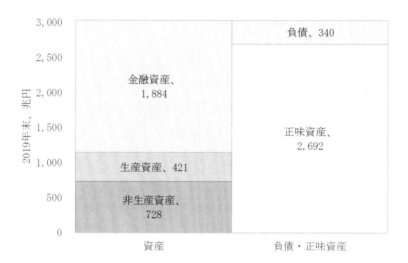

図表 10−9　家計等の貸借対照表[201]

―――――――――――――――

[201] European Commission et al.（2009）の第 1 章節 1.36 から 1.47、第 6 章節 6.23 から 6.48 を参照して作成。

補論　生産と資産の境界

　誰かが使うモノを作る活動を生産といいます。SNA（国民経済計算）は生産の境界を定め、その内側にある活動だけを生産に含めます。ここでは、使用先決定のタイミング、失業概念との調和、所有権の有無に注目して生産の境界を説明します。

　SNA は、生産した後で売るか自ら消費するか決められることを基準に生産の境界を定めています。たとえば、農家が栽培する野菜は収穫した後に販売するか自ら消費するか決められます。他方、家人が行う自宅の掃除や洗濯は、サービスを提供した後に他の制度単位へ売ることができません。前者は生産の境界内に、後者は生産の境界外に位置づけます。

　SNA はまた、政策上重要な失業という概念に不自然さが生じないように生産の境界を定めています。たとえば、庭の手入れをする造園業の人は、庭の手入れというサービスが利用されなくなると失業してしまいます。他方、家人は庭の手入れをしないままにしていても失業しません。失業が生じうる前者を生産の境界内に、失業が生じえない後者を生産の境界外に位置づけます。

　SNA はさらに、所有権が確立しているかどうかを基準に生産の境界を定めます。たとえば、養魚場の養殖魚には所有権が確立しています。他方、公海上を泳ぎ回る魚には所有権が確立していません。前者は生産の境界内に、後者は生産の境界外に位置づけます。

　これらの基準を家計が自らに提供する持ち家サービスに当てはめてみましょう。住宅は建てた後に自ら住むか賃貸に出すか決められます。持ち家サービスを提供するために働く人はおりませんので、失業概念には関わりません。持ち家の所有権は確立しています。これらのことから、持ち家サービスを生産の境界内に位置づけます。境界内に位置づけられる生産活動が社会に加える価値は配分され（持ち家の営業余剰）、消費されます（持ち家の帰属家賃）。SNA が生産の境界内に位置づける活動に使われるモノは、SNA の資産に計上されます。持ち家が家計の資産として計上されるのは、それが持ち家サービスを提供するのに使われるためです。

使用先の決定	生産の後	生産の前
失業	増減する	増減しない
所有権	確立	未確定

図表 10−10　生産の境界[202]

---

[202] European Commission et al. (2009) の第 1 章節 1.36 から 1.47、第 6 章節 6.23 から

参考文献

・企業会計基準委員会『退職給付に関する会計基準』企業会計基準第 26 号，財務会計基準機構，2012 年。

・多田洋介『SNA における確定給付型企業年金の発生主義の記録に関する考察』季刊国民経済計算，151，41-59，2013 年。

・中尾隆宏『我が国 SNA における確定給付型企業年金の記録方法の変更について』季刊国民経済計算，161，89-109，2017 年。

・European Commission, International Monetary Fund, Organization for Economic Co-operation and Development, United Nations, and World Bank, 2009, System of National Accounts 2008.

Reading List

・岩本光一郎・新関剛史・濱秋純哉・堀雅博・前田佐恵子・村田啓子『『家計調査』個票をベースとした世帯保有資産額の推計 ―推計手順と例示的図表によるデータ紹介―』経済分析，189，内閣府経済社会総合研究所，63-95，2015 年。

・岩本光一郎・菅史彦・新関剛史・濱秋純哉・堀雅博・前田佐恵子・村田啓子『『家計調査』個票をベースとした世帯年間消費支出額の推計 ―推計手順と例示的図表によるデータ紹介―』経済分析，190，93-128，内閣府経済社会総合研究所，2015 年。

・山崎朋宏、酒巻哲朗『SNA の枠組みにおける家計詳細勘定の再推計』ESRI リサーチノート，42，2018 年。

・Moulton, Brent R., and Nicole Mayerhauser, 2015, The Future of the SNA's Asset Boundary, U.S. Bureau of Economic Analysis.

6.48 を参照して作成。

第11章　一般政府

　本章では一般政府の所得と支出、資本と金融の蓄積について詳しくみます。

1　一般政府

　一般政府は中央政府、地方政府、社会保障基金からなります。図表11−1は政府の機関が
一般政府に分類されるようすを表しています。所属機関とSNA（国民経済計算）の分類は異
なることに注意が必要です。たとえば、中央政府に所属する年金特別会計は、SNAの分類で
は社会保障基金に属します。

所属	SNAの分類	例
中央政府	中央政府（14）	一般会計（除：公務員住宅賃貸）、交付税及び譲与税配布金特別会計、国債整理基金特別会計
	社会保障基金（9）	年金特別会計、労働保険特別会計
地方政府	地方政府（6）	普通会計（除：住宅事業、公務員住宅賃貸）、下水道事業、地方開発事業団
	社会保障基金（3）	後期高齢者医療事業、国民健康保険事業の事業勘定、介護保険事業の保険事業勘定
特殊法人	中央政府（1）	沖縄科学技術大学院大学学園
	社会保障基金（3）	日本年金機構、日本私立学校振興・共済事業団のその他給付経理口と共済事業勘定
認可法人、独立行政法人、地方独立行政法人、その他	中央政府（71）	国立公文書館、国民生活センター、国立科学博物館、国立大学法人
	地方政府（12）	東京都立産業技術研究センター、大阪府立産業技術総合研究所
	社会保障基金（30）	年金積立金管理運用独立行政法人、国家公務員共済組合・同連合会のその他給付経理とその他

図表11−1　一般政府[203]

---

[203] 内閣府経済社会総合研究所国民経済計算部（2016）の巻末資料3を参照して作成。SNA
の分類の列にある（）内の数字は分類される機関の数である。対家計民間非営利団体につ

122

SNA で中央政府に分類されるのは中央政府の一般会計の大半と、資金が一般会計を経由する特別会計などです。地方政府に分類されるのは地方公共団体の普通会計の大半と、地方公営企業などです[204]。社会保障基金に分類されるのは中央政府と地方政府の年金、医療、介護、労働に関わる特別会計や日本年金機構などです。

2　一般政府の所得と支出

非金融法人企業の所得から支出への流れを、第 1 次所得の配分勘定、所得の第 2 次分配勘定、所得の使用勘定の順にみます。一般政府の分析では、中央政府、地方政府、社会保障基金のあいだで再分配される資金の流れにも注目します。税金、保険料、財産所得の収入は部門間で再分配され、消費や資本形成に充てられます。

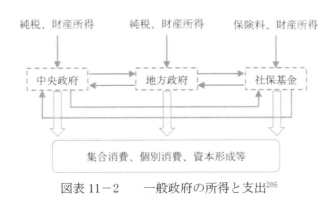

図表 11−2　　　一般政府の所得と支出[205]

◇第 1 次所得の配分勘定

次ページの図表 11−3 は NNI のうち一般政府に配分される金額を表しています。中央政府の受取りで目立つのは消費税、酒税、たばこ税、揮発油税などが計上される生産物に課される税です。支払いで目立つのは国債の利払いなどが計上される財産所得の純受取です。1995 年度と比べて、2019 年度の中央政府の第 1 次所得バランスは消費税率の引き上げなどにより 15 兆円増えました。地方政府の受取りで目立つのは固定資産税などが計上される生産物に課される税です。支払いで目立つのは、1995 年度については地方債の利払いなどが計上される財産所得の純受取、2019 年度については補助金です。1995 年度と比べて、2019 年度の地方政府の第 1 次所得バランスは 8 兆円増えました。社会保障基金は税を受取りま

いては本書の範囲を超えるため割愛する。

[204] 下水道事業や地方開発事業団は公営企業の形態で営まれているようである。総務省, 公営企業の経営を参照。

[205] 一般政府内の移転の詳細については一般政府の経常移転マトリックスを参照。

せんし、補助金も払いません。よって、計上されるのは年金基金の運用益など財産所得の純受取りです。1995年度と比べて、2019年度の社会保障基金の第1次所得バランス（純）は低金利の影響を受けて4兆円減りました。一般政府3部門とも、第1次所得バランス（純）は正の値をとっています。

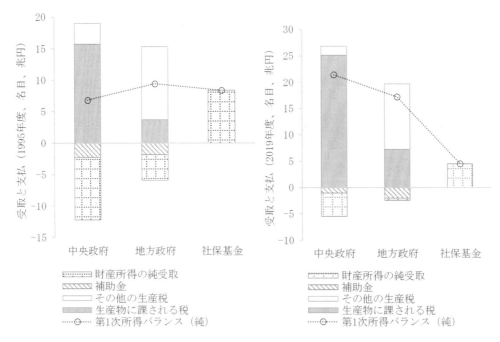

図表11-3　第1次所得の配分勘定[206]

◇所得の第2次分配勘定

　図表11-4は、第1次所得バランス（純）が再配分されるようすを表しています。所得・富等に課される経常税とは中央政府と地方政府が受け取る所得税、住民税、法人税などであり、社会負担とは社会保障基金が受け取る年金、医療、介護などの保険料です。その他の経常純移転は中央政府から地方政府へ移転される地方交付税交付金、社会保障基金へ移転される国庫負担金などであり、現物社会移転以外の社会給付は、地方政府から家計へ移転される生活保護費、社会保障基金から家計へ移転される年金などです。

　所得の第2次分配勘定に記録される受け払いの差額を可処分所得（純）といいます。1995年度と比べて、2019年度の中央政府の可処分所得（純）は5兆円減り、地方政府の可処分所得（純）は3兆円増え、社会保障基金の可処分所得（純）は18兆円増えました。

---

[206] 内閣府経済社会総合研究所，国民経済計算からデータを取得し作成。暦年計数が公表されていないため年度計数を掲げた。以下の図表も同様である。

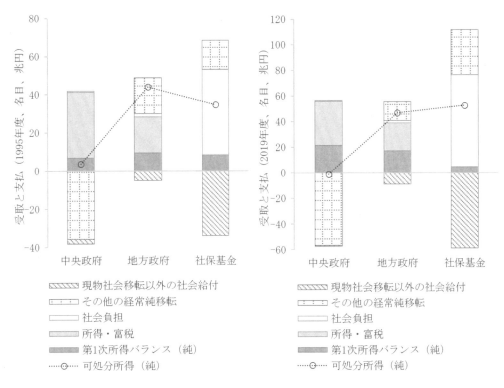

図表 11－4　所得の第 2 次分配勘定[207]

◇所得の使用勘定

　次ページの図表 11－5 は、可処分所得（純）が消費に支出された後、一般政府の手元にいくら残るかを表しています。現物社会移転（非市場）は公立保育所の保育料や公立学校の授業料、国立の美術館や博物館の入館料のうち政府の負担分です。現物社会移転（市場）は義務教育の教科書代、医療の公費負担分、医療や介護の保険給付分などです。集合消費は中央政府と地方政府の公務員人件費などです[208]。

　所得の使用勘定に記録される受け払いの差額を貯蓄といいます。1995 年度と比べて、2019 年度の中央政府の貯蓄（純）は 8 兆円減り、地方政府の貯蓄（純）は 1 兆円減り、社会保障基金の貯蓄（純）は 6 兆円減りました。

---

[207] 内閣府経済社会総合研究所，国民経済計算からデータを取得し作成。
[208] 政府最終消費支出の内訳は本書第 3 章の図表 3－10、図表 3－11 と合わせて理解する。

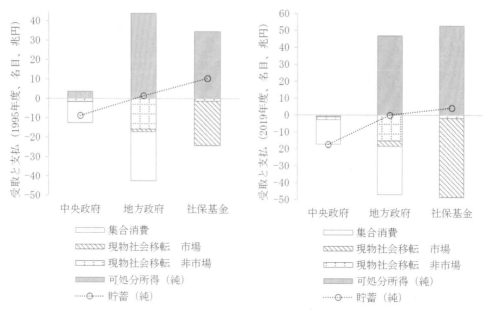

図表 11−5　所得の使用勘定[209]

3　一般政府の蓄積

　一般政府は貯蓄（純）の一部を資本形成などに充てます。残額は純貸出となります。以下、純貸出を実物面から記録する資本勘定、純貸出を金融面から記録する金融勘定、保有利得を加味した期末残高を記録する期末貸借対照表をみます。

◇資本勘定と金融勘定

　図表 11−6 は貯蓄（純）を資本形成などに充てた後、一般政府の手元にいくら残るのかを表しています。純資本移転とは、中央政府から地方政府へ移転される公共事業関係費などのことです。土地の純購入は用地買収と公有地売却の差額です。純資本移転と土地の純購入がプラスのとき資本形成に充てられる金額は貯蓄（純）より多くなり、マイナスのとき資本形成に充てられる金額は少なくなります。純固定資本形成は中央政府と地方政府の公共投資を、在庫変動は政府が保有する食料、天然ガス、鉱物資源、武器・弾薬の増減を記録します。

　1995 年度と比べて、2019 年度の中央政府の純貸出は 1 兆円減り、地方政府の純貸出は 15 兆円増え、社会保障基金の純貸出は 6 兆円減りました。地方政府と社会保障基金の収支をあわせるために、中央政府は収入を超えて支出しています。財政の負担は中央政府に集中しています。

---

[209] 内閣府経済社会総合研究所, 国民経済計算からデータを取得し作成。

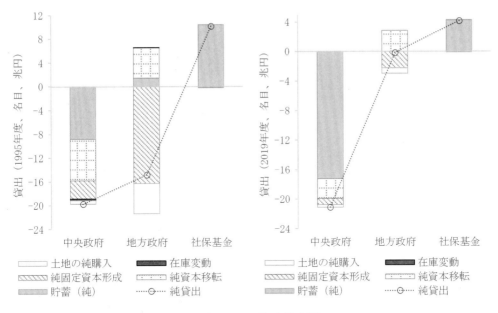

図表 11-6　資本勘定[210]

　中央政府が収入を超えて支出できたのは、何らかの形で資金の不足を補えたためです。次ページの図表 11-7 をみると、中央政府は主に国債を発行して資金の不足を補ったことがわかります。また、社会保障基金は海外投資するなどして余剰資金を運用したことがうかがえます。

　ここ 10 年ほどのあいだに消費税率が 10%まで引き上げられ、社会保障の効率化が進んだため、一般政府のプライマリー赤字は 13 兆円まで減りました。気をつけるべきは、プライマリー赤字の縮小だけで、財政の健全性を測ることはできないということです。財政は国民生活を安全に、快適に、豊かにするためにあります。あまりに切り詰めると国民生活に影響が出ます。公共投資を減らすと道路や橋の通行の安全が確保できなくなったり、大雨で堤防が決壊したり、崖崩れが起きたりします。地方交付税交付金を減らすと国土の均衡ある発展は望めなくなります。社会保障を減らすと弱者に厳しい社会になります。どこでバランスを取るべきか、ていねいに議論しなければなりません[211]。

---

[210] 内閣府経済社会総合研究所,国民経済計算からデータを取得し作成。
[211] 他方で、大災害からの復興、コロナ禍の対策、環境対策、平等政策、教育、科学技術、文化、芸術、国際交流、年金、医療、介護などを口実にした日本国の福祉を向上させない浪費も避けなければならない。「こんな崇高なことをしている私は公費を受けて当然だ」という思い上がりを排さねばならない。近年は、困っている人にではなく、声の大きな人に財政が手当てされているようにみえる。財政担当者には切り立った崖の上を歩いていただきたい。

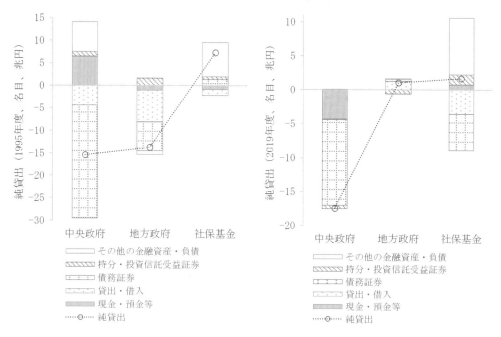

図表 11−7　金融勘定[212]

◇資産と負債

　図表 11−8 は一般政府の正味資産の内訳を表しています[213]。非金融資産で目立つのは道路、橋、ダム、港湾、空港などを含む固定資産と土地の評価額が計上される非生産資産です。金融資産と負債の差額で目立つのは債務証券（日本国債と地方債）です。2019 年末に 1,000 兆円規模となっています。これは、次節でみるように、社会保障給付の不足分を国債の発行でまかなってきたことによります。

　一般政府の正味資産は 1995 年末の 475 兆円から 2019 年末の 99 兆円へ、376 兆円減りました。

---

[212] 内閣府経済社会総合研究所, 国民経済計算からデータを取得し作成。図中、現金・預金等は現金・預金と貨幣用金・SDR の和である。項目の貸出・借入と縦軸の貸出は全く異なる概念であることに留意する。GFS については International Monetary Fund (2014) を参照。企業会計における正味資産は純資産であり、純資産のマイナスは債務超過を意味する。マクロ経済会計における正味資産は、他の制度部門に対する金融資産と負債の差額に非金融資産を加えたものである。差額概念である正味資産が何を意味するのか、理解するのは容易でない。

[213] 国民経済計算は一般政府の所得支出勘定、資本勘定、調整勘定を年度で、期末貸借対照表を暦年で公表している。フロー計数も暦年にしていただくと分析しやすくなる。

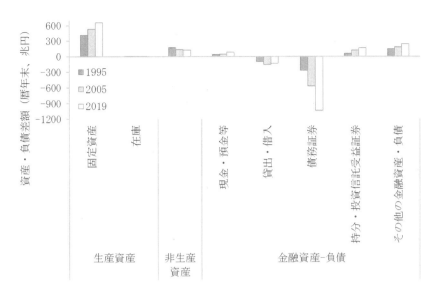

図表 11−8　一般政府の正味資産[214]

　図表 11−9 は 2019 年末の一般政府の貸借対照表です。一般政府は土地、道路、橋、ダム、金融資産をバランスよく保有していますが、正味資産は 100 兆円を下回っています。

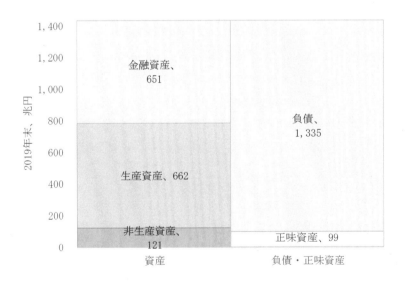

図表 11−9　一般政府の貸借対照表[215]

---

[214] 内閣府経済社会総合研究所，国民経済計算からデータを取得し作成。図中、現金・預金等は現金・預金と貨幣用金・SDR の和である。その他の金融資産と負債は金融派生商品・雇用者ストックオプションを含む。

[215] 内閣府経済社会総合研究所，国民経済計算からデータを取得し作成。

4 社会保障の負担と給付

　高齢化が進む日本では、社会保障制度を維持できるか不安が高まっています。ここでは SNA（国民経済計算）の統計を用いて状況を確認します。図表 11−10 は年金、医療、介護、労働などの負担を、図表 11−11 はそれらの給付を表しています。

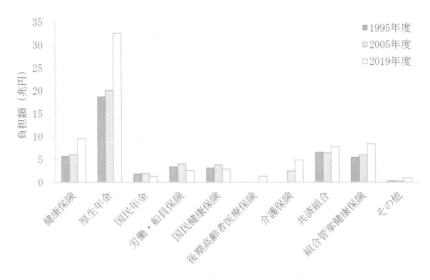

図表 11−10　社会保障の負担[216]

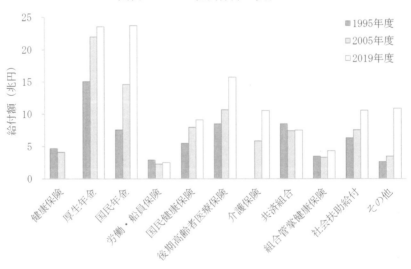

図表 11−11　一般政府から家計への移転[217]

---

[216] 内閣府経済社会総合研究所, 国民経済計算からデータを取得し作成。
[217] 内閣府経済社会総合研究所, 国民経済計算からデータを取得し作成。2019 年度の健康保険は全国健康保険協会の値である。

負担を表す図表11−10で1995年度と2019年度を比べると、厚生年金の負担が14兆円増えたことが目立ちます。給付を表す図表11−11で1995年度と2019年度を比べると、厚生年金の給付は9兆円、国民年金の給付は16兆円、後期高齢者医療保険は7兆円、介護保険は11兆円、社会扶助給付は4兆円増えたことに気づきます。

図表11−12は負担と給付の差額を項目別に表しています。国民年金、国民健康保険、後期高齢者医療保険、介護保険、その他に含まれる社会扶助は給付が負担を大きく超えています。不足分は国債を発行して調達しています。本来これらは保険料の枠内で給付すべきものですが、高齢化の進展に制度が追いついていません。わが国は財政民主主義の国ですので、これらのデータをふまえて財政運営をどうすべきか、私たちが考えなければなりません[218]。

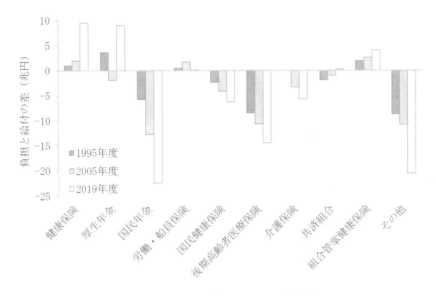

図表11−12　負担と給付の差額[219]

[218] 日本国憲法29条と30条、83条から91条を参照。
[219] 内閣府経済社会総合研究所, 国民経済計算からデータを取得し作成。図中、その他の差額は負担のその他と給付の社会扶助とその他の差である。「一般政府から家計への移転の明細表（社会保障関係）」から2019年度のようすをみると、年金に47兆円、後期高齢者医療に16兆円、介護保険に11兆円支出されている。
　健康保険と厚生年金の負担が給付を超えており、国民年金と後期高齢者医療保険の給付が負担を超えている。これらの部門間リバランスが必要かもしれない。

補論　一般政府の最終消費支出

　一般政府の最終消費支出はサービスの受け手を特定できる個別消費と、サービスの受け手が国民一般である集合消費に分かれます。個別消費は市場で購入したサービスを移転する現物社会移転（市場産出の購入）と「経済的に意味のない価格」[220]でサービスを提供する現物社会移転（非市場産出）に分かれます。

　これら一般政府の最終消費支出は、一般政府がサービスを提供するために支出した費用をもとに推計します。すなわち

個別消費＋集合消費＋（自己勘定総固定資本形成＋財貨・サービスの販売）
　　　＝雇用者報酬＋固定資本減耗＋中間投入＋生産・輸入品に課される税
　　　＋現物社会移転(市場産出の購入)

　とても長い式になりましたので、2019 年度のようすを表す図表 11−13 を参照して説明します。図表の左側は上式の左辺に、右側は上式の右辺に対応します。図表の左側は一般政府が提供するサービス、右側はサービスを提供するための費用を表します。

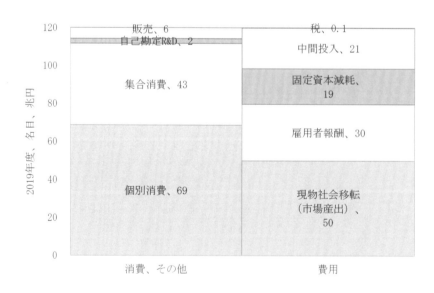

図表 11−13　一般政府の最終消費支出[221]

[220] 経済的に意味のある価格については European Commission et al.（2009）の第 4 章節 4.18、第 6 章節 6.128 から 6.134、第 22 章節 22.28 から 22.32 を参照。
[221] 内閣府経済社会総合研究所, 国民経済計算からデータを取得し、内閣府経済社会総合研

個別消費 69 兆円のうち、市場から購入して提供される現物社会移転（市場産出の購入）は 50 兆円です。義務教育のための教科書代や医療・介護サービスの公費負担分などがこれに含まれます。

　一般政府が提供する残りは、個別消費のうちの現物社会移転（非市場産出）、集合消費、自己勘定総固定資本形成、財貨・サービスの販売です。これらは一般政府がサービスを提供するために支出した費用を積み上げて推計します。費用の内訳は雇用者報酬、固定資本減耗、中間投入、生産・輸入品に課される税です。このように費用を積み上げて推計するのは、これらのサービスに市場価格がないためです。

　現物社会移転（非市場産出）には、保育所や国公立の学校が保育や教育のサービスを提供するための費用を計上します。集合消費には、外交、防衛、治安など受け手が国民一般であるサービスを提供するための費用を計上します。自己勘定総固定資本形成には、一般政府の総固定資本形成のうち、費用積み上げで推計する研究開発にかかる費用を計上します。財貨・サービスの販売には、一般政府が提供するサービスにかかる費用のうち、サービスの受け手が支払う金額を計上します。国公立大学の学費などがこれにあたります。

参考文献

・内閣府経済社会総合研究所国民経済計算部『2008SNA に対応した我が国国民経済計算について（平成 23 年基準版）』2016 年。

・European Commission, International Monetary Fund, Organization for Economic Co-operation and Development, United Nations, and World Bank, 2009, System of National Accounts 2008.

・International Monetary Fund, 2014, Government Finance Statistics Manual 2014.

・Organization for Economic Co-operation and Development, 2021, Government at a Glance 2021.

Reading List

・小林武『予算と財政法』五訂版，新日本法規，2016 年。

・藤澤美恵子『国民経済計算における医療のアウトプット計測についての考察』季刊国民経済計算，149，39-65，2012 年。

・吉野克文・吉田有祐『2008SNA における一般政府と公的（準）法人の取引の取り扱い ――一般政府と公的（準）法人間の例外的な受払いに関する取り扱い変更とわが国の対応』季刊国民経済計算，148，61-77，2012 年。

究所国民経済計算部（2016, pp. 84-87）、とりわけ図表 19 を参照して作成。政府の機能別支出（COFOG）については Organization for Economic Co-operation and Development（2021, pp. 86-89）を参照。

第 4 部

政策評価の統計

第 12 章　実質 GDP と GDP デフレーター

本書では GDP を名目値で表示してきました。理論上、名目 GDP は価格と数量に要素分解することができます。

$$名目GDP = 価格要素 \times 数量要素$$

SNA（国民経済計算）では価格要素を GDP デフレーターといい、数量要素を実質 GDP といいます。用語を置き換えると

$$名目GDP = GDPデフレーター \times 実質GDP$$

本章では名目 GDP を要素分解した GDP デフレーターと実質 GDP について説明します。

1　名目 GDP の要素分解

GDP を推計する方法には、支出側を推計するコモディティ・フロー法と、生産側・分配側を推計する付加価値法があります。それに対応して、名目 GDP の要素分解のしかたも支出側と生産側で異なります。

ここでは、支出側について基本単位デフレーターの推計、需要項目別デフレーターの推計、GDP デフレーターの推計の順に説明します。

図表 12−1　支出側の要素分解[222]

---

[222] 内閣府経済社会総合研究所国民経済計算部（2021）の第 8 章、高山他（2013）、守屋（2021）を参照して作成。この節の説明はこれらの文献を筆者が再構成したものである。GDP（生産側）の要素分解については、紙幅の都合で説明を割愛する。この点、統計の見方をご教示いただいた方にお詫び申し上げる。

◇基本単位デフレーター

第2章でみたように、GDP（支出側）は2,100ほどの品目の使用先を調べて推計します。GDPを価格と数量の要素に分解するときも、品目ごとに価格と数量をみることからはじめます。

図表12−2は2,100ほどの品目を400ほどに集約したコモ6桁分類のうちの1品目であるパンを表しています。パンに属するコモ8桁分類の品目は食パン、あんパン、カレーパンです。これらの品目が家計に最終消費されることを例に考えます。

6桁分類	8桁分類	ウエイト
パン	食パン	30
	あんパン	30
	カレーパン	24

図表12−2　パンの品目[223]

これらの品目の消費額は価格と数量に要素分解することができます。すなわち

消費額 = 価格指数 × 消費量

図表12−3は、パンに属する3品目の価格指数を表しています。指数とは、基準時点との差を指し示す数です。たとえば、2016年の食パンの価格指数101.1は、2015年に比べて価格が1.1ポイント高いことを意味します。

	2015	2016	2017	2018	2019
食パン	100	101.10	100.90	99.50	101.40
あんパン	100	100.90	101.40	100.20	102.80
カレーパン	100	101.50	102.70	98.90	100.30

図表12−3　価格指数[224]

消費額がわかっているとき、消費量は消費額を価格指数で除して算出します。図表12−4は消費量を表しています。

---

[223] 守屋（2017）の巻末参考資料、総務省統計局（2016）の付録1、経済産業省, 平成27年（2015年）産業連関表, 部門別品目別国内生産額を参照して作成。
[224] 表中の数値は仮説例である。

	2015	2016	2017	2018	2019
食パン	36	37	38	39	38
あんパン	36	33	34	36	38
カレーパン	28	32	32	32	32

図表 12−4　消費量[225]

　図表 12−3 と図表 12−4 に掲げたデータをもとに 3 品目の価格を連鎖統合します。統合には、フィッシャー型価格指数という複雑な式を用います。

$$FD_t = \sqrt{LD_t PD_t}$$

　ここで LD_t はラスパイレス連鎖式、PD_t はパーシェ連鎖式、p_{jt} は品目 j の時点 t における価格指数、q_{jt} は品目 j の時点 t における消費量です。

$$LD_t = \frac{\sum_j p_{jt} q_{jt-1}}{\sum_j p_{jt-1} q_{jt-1}} LD_{t-1} \qquad PD_t = \frac{\sum_j p_{jt} q_{jt}}{\sum_j p_{jt-1} q_{jt}} PD_{t-1}$$

　図表 12−5 は計算結果を表しています。フィッシャー型価格指数を 2015 年基準の基本単位デフレーターとします。

	2015	2016	2017	2018	2019
ラスパイレス	100	101.14	102.79	102.32	103.89
パーシェ	100	101.16	101.62	99.57	101.57
フィッシャー	**100**	**101.15**	**102.20**	**100.93**	**102.72**

図表 12−5　基本単位デフレーター[226]

　次ページ図表 12−6 の左図は算出した価格指数をグラフにしたものです。フィッシャー値はラスパイレス値とパーシェ値の間にあります。フィッシャー値はバイアスが少ない価格指数として知られています。右図は消費額とフィッシャー値をもとに算出した消費量を表しています。消費額が落ち込んだ 2018 年に消費量が増えています。価格が下がる年には、消費額が減っても消費量が増えうることに注意しましょう。

---

[225] 表中の数値は仮設例である。
[226] リンク計数等の詳細は本書の範囲を超えるため説明を割愛する。守屋（2017）を参照。

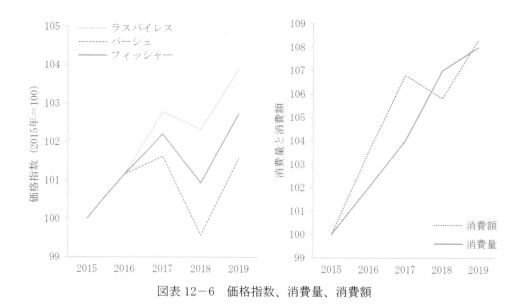

図表 12−6　価格指数、消費量、消費額

◇需要項目別デフレーター

　算出した基本単位デフレーターを用いて、コモ 6 桁 400 品目の消費額を価格指数と消費量に分離し、コモ 6 桁の消費量を連鎖統合します。たとえば、パンの品目は国内家計最終消費支出 88 目的分類の食料・非アルコールに属します。この分類に属する他のコモ 6 桁品目と連鎖統合して食料・非アルコールの実質値を求めます[227]。

　得られた実質値で名目値を除してデフレーターを得ます。すなわち

$$\text{デフレーター}_t = \frac{\text{名目値}_t}{\text{実質値}_t}$$

　図表 12−7 の左図は、国内家計最終消費支出のデフレーターを表しています。価格が大きく下がったのは家具・家庭用機器・家事サービスと情報・通信です。1995 年と比べて、2019 年の家具・家庭用機器・家事サービスの価格指数はおおよそ半減し、情報・通信の価格指数は 4 分の 1 になりました。海外から安価な家具や家電製品、パソコンや通信機器等が輸入されるようになったことが寄与したと考えられます。

　図表 12−7 の右図は国内家計最終消費支出の実質値です。値が最も大きく、かつ増えているのは住居・電気・ガス・水道です。デフレーターに大きな変動はありませんので、増えたのは消費数量だと考えられます。これは世帯数が大幅に増えたことによるものと考えられ

---

[227] 国内家計最終消費支出 88 目的分類については内閣府経済社会総合研究所国民経済計算部（2021, p. 78）の第 7 章表 7−1 を参照。

ます[228]。家具・家庭用機器・家事サービスと情報・通信の値が増えたのは、ともに価格が大幅に下がったためです。名目値に大きな変化がなくても、デフレーターが大きく変化すると、実質値は大きく変化します。保健・医療と個別ケア・社会保護等が増えたのは、高齢化が進展したことによります[229]。

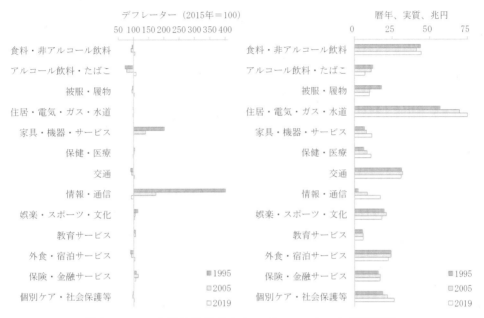

図表 12-7　家計最終消費支出のデフレーターと実質値[230]

国内家計最終消費支出の構成要素を統合するとき、対前暦年フィッシャー型数量指数という式を用います。

$$FQ_t = FQ_{t-1}\sqrt{LQ_t PQ_t}$$

ここで LQ_t はラスパイレス連鎖式、PQ_t はパーシェ連鎖式、p_{jt} は品目 j の時点 t における価格指数、q_{jt} は品目 j の時点 t における消費量です。

---

[228] 総務省（2020, p.65）によれば、世帯数は 1995 年の 4,424 万から 2019 年の 5,700 万へ増加した。パソコン等、ネット関連製品の普及も消費量増加に寄与したと思われる。
[229] 総務省，人口推計によれば、65 歳以上の人口は 1995 年の 1,828 万人から 2019 年の 3,573 万人へ増加した。
[230] 内閣府経済社会総合研究所，国民経済計算からデータを取得し作成。家具・機器・サービスと情報・通信のデフレーターは大幅に低下し、実質値は大幅に増加した。図表 3-8 の左図と比較すると、実質値の動きは何か人工的に感じられる。

$$LQ_t = \frac{\sum_j p_{jt-1} q_{jt}}{\sum_j p_{jt-1} q_{jt-1}} \qquad PQ_t = \frac{\sum_j p_{jt} q_{jt}}{\sum_j p_{jt} q_{jt-1}}$$

　この式の計算結果は、国内家計最終消費支出の構成要素の和と一致しないことに注意が必要です。国内家計最終消費支出を構成する要素の和と国内家計最終消費支出の差を開差といいます。図表12−8は開差を表しています。開差は年によって異なりますが、大きな値をとる年もあります。1995年の開差は−14.7兆円と大きな値です。実質値を読み解くときには開差に注意しましょう。

	1995	2005	2019
国内家計最終消費支出（兆円）	247.1	277.5	297.0
要素の和（兆円）	261.8	280.7	297.1
開差（兆円）	−14.7	−3.2	−0.1

図表 12−8　開差[231]

　GDP（支出側）を構成する対家計民間非営利団体最終消費支出、政府最終消費支出、総資本形成、純輸出についても、手順はそれぞれ異なりますが、実質値を推計します[232]。

◇GDP デフレーター
　さいごに、需要項目別実質値を連鎖統合して実質 GDP を求め、得られた実質 GDP で名目 GDP を除して GDP デフレーターを算出します。100 を掛けているのは、参照年である 2015 年のデフレーターを 100 とするためです。

$$GDPデフレーター_t = \frac{名目GDP_t}{実質GDP_t} \times 100$$

　図表 12−9 は名実 GDP と GDP デフレーターを表しています。確かに、名目 GDP を実質 GDP で除すと GDP デフレーターになります。

---

[231] 内閣府経済社会総合研究所, 国民経済計算からデータを取得し作成。内閣府経済社会総合研究所, 連鎖方式に関するよくある質問を参照。
[232] 政府と対家計民間非営利団体の最終消費支出は、投入コスト型デフレーターを作成して推計する。総固定資本形成のデフレーターは購入者価格ベースではない。純輸出は実質値が計算できない。実質値の解釈はとても難しい。竹内（2008）を参照。

	1995	2005	2019
名目 GDP（兆円）	521.6	532.5	561.3
実質 GDP（兆円）	458.2	512.0	555.8
GDP デフレーター	113.8	104.0	101.0

図表 12−9　名実 GDP とデフレーター[233]

　図表 12−10 は名実 GDP と GDP デフレーターを表しています。名目 GDP は多くの年で実質 GDP を上回っています。名目 GDP が実質 GDP を下回っているのは 1980 年、1981 年、2010 年から 2014 年です。名目 GDP が実質 GDP を下回るとき GDP デフレーターを算出する式の分子が分母を下回りますので、GDP デフレーターは 100 を下回ります。

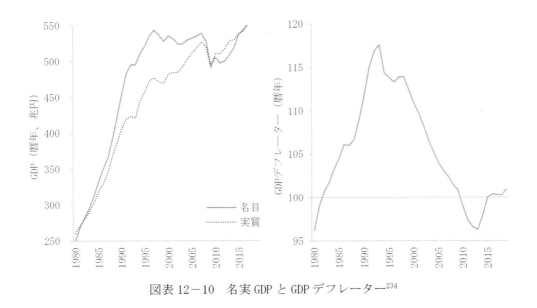

図表 12−10　名実 GDP と GDP デフレーター[234]

　次ページの図表 12−11 の左図は名目 GDP と実質 GDP の対前年増加率を表しています。特異な年である 2009 年を除き、期間を①1981 年から 1994 年、②1995 年から 2004 年、③2005 年から 2019 年（除：2009 年）に分けます。期間①の平均増加率は名目 5.1%、実質 3.6%、期間②の平均増加率は名目 0.4%、実質 1.2%、期間③の平均増加率は名目 1.1%、実質 1.5% でした。期間③の名目増加率は期間②より高いですが、期間①に遠く及びません。

　名目と実質の増加率を比べると、1990 年代中頃から多くの年で実質が名目を上回っています。名目と実質の差は何を表すのでしょうか。右図はそれを説明するためのものです。図

[233] 内閣府経済社会総合研究所，国民経済計算から暦年データを取得し作成。
[234] 内閣府経済社会総合研究所，国民経済計算からデータを取得し作成。1980 年から 1993 年の値は簡易遡及値である。

中、「名目－実質」とあるのは、GDP の名目増加率と実質増加率との差です。名目と実質の差は GDP デフレーターの増加率にほぼ等しいようです。

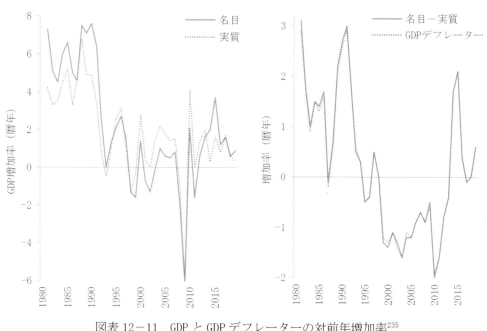

図表 12－11　GDP と GDP デフレーターの対前年増加率[235]

2　実質 GDP と実質 GDI

　ニュースなどで見聞きする実質 GDP は支出側から推計したものです。それとは別に実質 GDI（実質国内総所得）という統計があります。次式は実質 GDP（支出側）と実質 GDI の関係を表しています。実質値においては、理論上も GDP の三面等価が成立しません。

$$実質 GDI＝実質 GDP（支出側）＋交易利得$$

　2019 年暦年の実質 GDI は 554 兆円、実質 GDP は 556 兆円、交易利得は－2 兆円でした。図表 12－12 の実線は交易利得を表しています。1980 年代半ばから 2000 年代半ばにかけて 20 兆円規模の利得を維持してきましたが、リーマンショックが起きた 2008 年以降は利得がゼロを挟んで上下しています[236]。

---

[235] 内閣府経済社会総合研究所, 国民経済計算からデータを取得し作成。
[236] 交易利得の額と符号は参照年により変わる。例えば、2018 年の交易利得は 2011 年基準 2008SNA で 3 兆円、2015 年基準 2008SNA で－3 兆円である。この点解釈に留保を要する。

交易利得は理解しにくい統計ですが、図表に点線で示した石油・石炭・天然ガスの輸入物価と連動しています。燃料の輸入物価が低いとき交易利得は大きく、燃料の輸入物価が高いとき交易利得は小さくなります。交易利得は燃料を輸入するのにかかる費用と連動しています。

図表 12−12　交易利得と燃料の輸入物価[237]

---

[237] 内閣府経済社会総合研究所, 国民経済計算、日本銀行, 時系列統計データ検索サイトからデータを取得し作成。交易利得と輸入物価指数はともに 2015 年基準である。交易条件については中村（1999）の第 6 章を参照。実質 GDI＝実質 GDP（分配側）＋不突合＋交易利得である（実質 GDP（支出側）＝実質 GDP（分配側）＋不突合）。不突合と交易条件を含む実質 GDI の解釈は難しい。

参考文献

・総務省『住民基本台帳に基づく人口、人口動態及び世帯数』令和 2 年 1 月 1 日現在，資料 2, 2020 年。

・総務省統計局『消費者物価指数のしくみと見方 ―2015 年基準消費者物価指数―』2016 年。

・高山和夫・金田芳子・藤原裕行・今井玲子『平成 17 年基準改定等における GDP デフレーターの推計方法の見直しとその影響について 〜内閣府経済社会総合研究所と日本銀行調査統計局の共同研究を踏まえた取り組み〜』季刊国民経済計算, 150, 15-39, 2013 年。

・竹内啓「政府統計の役割と統計改革の意義」，国友直人・山本拓編『21 世紀の統計科学 I：社会・経済の統計科学』東京大学出版会，2008 年。

・内閣府経済社会総合研究所国民経済計算部『国民経済計算推計手法解説書（年次推計編）2015 年（平成 27 年）基準版』2021 年。

・中村洋一『SNA 統計入門』日本経済新聞社，1999 年。

・守屋邦子『国民経済計算の 2008SNA 対応等におけるデフレーターの推計』季刊国民経済計算, 161, 49-88, 2017 年。

Reading List

・杉原茂・市川恭子・今井健太郎・野口良平・岡崎康平・小池健太『医療の質の変化を反映した実質アウトプット・価格の把握 〜方法論の整理〜』ESRI リサーチノート, 2018 年。

・鈴木英之『SNA 産業連関表による GDP デフレータ変動の要因分解』ESRI Discussion Paper Series, 130, 内閣府経済社会総合研究所, 2005 年。

・総務省統計局『2015 年基準 消費者物価指数の解説』2016 年。

・西岡慎一・亀卦川緋菜・肥後雅博『サービス価格をどのように測るべきか ―企業向けサービス価格指数の実例を踏まえて―』日本銀行ワーキングペーパーシリーズ, 10-J-9, 2010 年。

・日本銀行調査統計局『2015 年基準 企業向けサービス価格指数の解説』2021 年。

・日本銀行調査統計局『2015 年基準 企業物価指数の解説』2021 年。

・野口良平・市川恭子・藤森裕美・岡崎康平・小池健太・石橋尚人『諸外国における医療・介護の質の変化を反映した価格・実質アウトプットの把握手法 〜各国ヒアリングの結果〜』ESRI リサーチノート, 48, 2019 年。

・藤原裕行・今井玲子『GDP デフレーター（支出側と生産側）の不突合と推計方法の見直しに向けて』季刊国民経済計算, 152, 1-24, 2013 年。

・前田章『GDP・物価の国際原油価格弾力性とその変遷』ESRI Discussion Paper Series, 142, 2005 年。

・International Labour Office, International Monetary Fund, Organization for Economic Co-operation and Development, United Nation, Economic Commission for Europe, Eurostat, and The World Bank, 2004, Consumer Price Index Manual: Theory and Practice, International Labour Office.

第13章　物価と雇用

前章で物価について学びました。本章では物価と雇用の関係について説明します。

1　雇用者

物価と雇用の関係を論ずる準備として、働く人の数と労働時間についてみます。働く場を得ている人を就業者といいます。就業者は雇用者、自営業者、無給で働く自営業者の家族からなります。

$$就業者 = 雇用者 + (自営業者 + 無給で働く自営業者の家族)$$

次ページの図表 13−1 の左図は雇用者の数を産業別に表しています。雇用者が 900 万人規模であるのは製造業と卸売・小売業であり、300 万人規模であるのは建設業、運輸・郵便業、宿泊・飲食サービス、専門・科学技術、業務支援サービス、保健衛生・社会事業、その他のサービスです。1995 年と比べて、2019 年の雇用者数が 100 万人を超えて増えたのは専門・科学技術、業務支援サービス、保健衛生・社会事業、その他のサービスであり、雇用者数が 100 万人を超えて減ったのは製造業と建設業です。

右図は製造業に属する業種の雇用者の数を表しています。雇用者が 100 万人以上の規模であるのは食料品、はん用・生産用・業務用機械、輸送用機械、その他の製造業です。1995 年と比べて、2019 年の雇用者数が 50 万人を超えて減ったのは繊維製品です。雇用者数が増えたのは食料品、化学、はん用・生産用・業務用機械、輸送用機械だけです。

図表 13−2 の左図は自営業者と無給で働く家族従業者の数を産業別に表しています。100 万人規模であるのは農林水産業、製造業、建設業、小売・卸売業、宿泊・飲食サービス、専門・科学技術、業務支援サービス、その他のサービスです。1995 年と比べて、2019 年の自営業者と家族従業員の数が 10 万人を超えて増えたのはその他のサービスだけです。同時期に自営業者と家族従業員の数が 50 万人を超えて減ったのは農林水産業、製造業、卸売・小売業、宿泊・飲食サービスです。

右図は製造業に属する業種について、自営業者と無給で働く家族従業者の数を表しています。10 万人規模であるのは食料品、繊維製品、金属製品、はん用・生産用・業務用機械、その他の製造業です。すべての業種で自営業者と家族従業員は減りました。

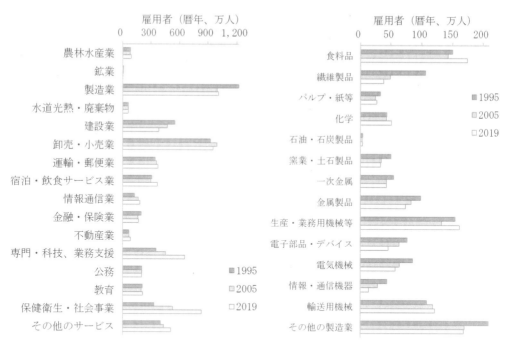

図表 13-1　雇用者[238]

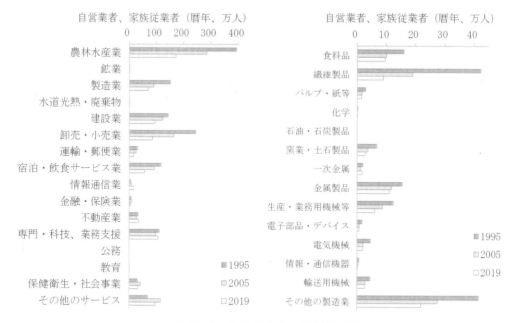

図表 13-2　自営業者と家族従業者[239]

[238] 内閣府経済社会総合研究所,国民経済計算からデータを取得し作成。
[239] 内閣府経済社会総合研究所,国民経済計算からデータを取得し作成。

図表 13−3 は 1995 年から 2019 年にかけて生じた就業者数の増減を表しています。産業別増減を表す左図をみます。雇用者と自営業者等がともに減ったのは製造業、建設業、金融・保険業です。雇用者が増え、自営業者等が減ったのは農林水産業、卸売・小売業、運輸・郵便業、宿泊・飲食サービス、専門・科学技術、業務支援サービスです。これらは高齢化、事業の効率化、自営業者の規模拡大にともなう法人成りなどによって自営業者等が雇用者に置きかえられた産業です。雇用者と自営業者等がともに増えたのは電気・ガス・水道・廃棄物処理業、情報通信業、不動産業、教育、保健衛生・社会事業、その他のサービスです。情報通信業についてはインターネットに関連するサービスがひろまったこと、保健衛生・社会事業については介護サービスが利用されるようになったことが寄与したと考えられます。

　つづいて、製造業に属する業種を表す右図をみます。就業者が増えたのは、食料品、化学、はん用・生産用・業務用機械、輸送用機械です。その他の業種では雇用者と自営業者等が減っています。就業者数の増減をみるかぎり、製造業に"Japan Inc."とうたわれた昔日の面影はありません。産業構造は大きく変わりました。

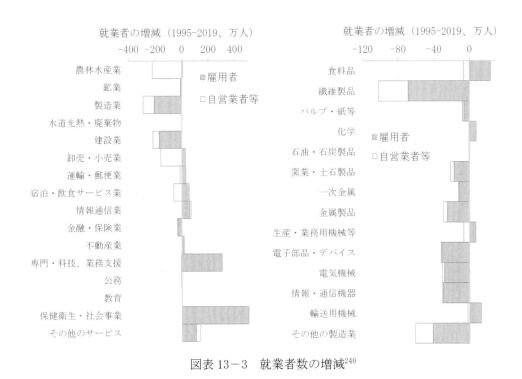

図表 13−3　就業者数の増減[240]

　次ページ図表 13−4 の左図は年間労働時間を産業別に表しています。多くの産業で 2,000 時間前後ですが、宿泊・飲食サービスは他の産業に比べて短いようです。1995 年と 2019 年

---

[240] 内閣府経済社会総合研究所, 国民経済計算からデータを取得し作成。

を比べると、電気・ガス・水道・廃棄物処理業を除く産業で労働時間が減りました。右図は製造業に属する業種の年間労働時間です。労働時間が比較的短いのは食料品、繊維製品、化学、石油・石炭製品、電子部品・デバイス、電気機械、情報・通信機器です。1995 年と 2019 年を比べると、一次金属と輸送用機械を除く業種で労働時間が減りました。

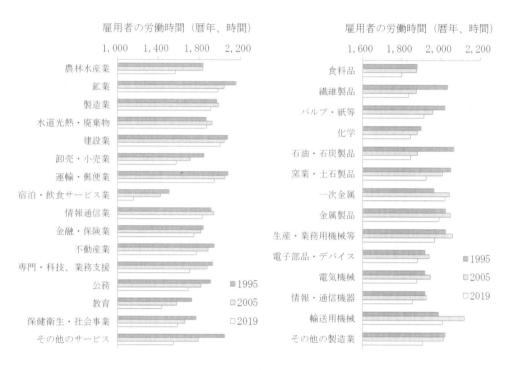

図表 13−4　雇用者の年間労働時間[241]

　近年は働き方が多様で、働く時間も長短さまざまですので、働き手の報酬を単位時間あたりの給与、時給で測ります。ここでは次のように時給を算出します。

$$時給 = \frac{雇用者報酬}{雇用量}$$

　ここで、雇用量は

$$雇用量 = 雇用者数 \times 労働時間$$

---

[241] 内閣府経済社会総合研究所，国民経済計算からデータを取得し作成。

図表 13−5 の左図は 1995 年から 2019 年にかけて生じた雇用者数と時給の変化を産業別に表しています。専門・科学技術、業務支援サービスは雇用者数と時給ともに増えました。保健衛生・社会事業は雇用者が増えたものの、時給が 116 円下がりました。製造業は雇用者が減りましたが、時給が 355 円上がりました。電気・ガス・水道・廃棄物処理業は、雇用者数がそれほど変化しませんでしたが、時給が 627 円下がりました。

　右図は製造業に属する業種のようすを表しています。雇用者数が増え、時給が上がったのは輸送用機械と食料品などです。製造業で好循環が実現しているのはこれら少ない業種です。雇用者数が減ったものの、時給が上がったのは電子部品・デバイス、繊維製品などです。

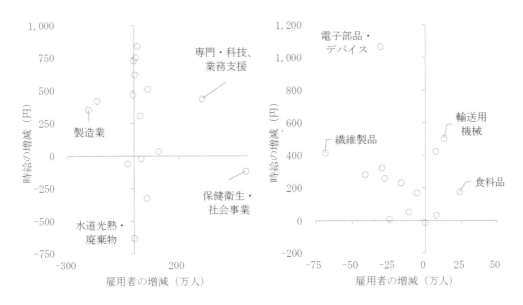

図表 13−5　雇用者と時給の増減[242]

2　物価と雇用量

　次ページ図表 13−6 の左図は雇用量の変化率と消費者物価指数の変化率との関係を表しています。第 1 次石油ショックの影響を受けた 1974 年と 1975 年を除くと、雇用量の変化率が高いとき消費者物価指数の変化率は高い傾向にあり、雇用量の変化率が低いとき消費者物価指数の変化率は低い傾向にあります。右図は雇用量の変化率と名目賃金指数の変化率の関係を表しています。1974 年と 1975 年を除くと、雇用量の変化率が高いとき名目賃金指数の変化率は高く、雇用量の変化率が低いとき名目賃金指数の変化率は低い傾向にあります。雇用量の変化は、物価や名目賃金の変化と関係があるようです。

---

[242] 内閣府経済社会総合研究所, 国民経済計算からデータを取得し作成。

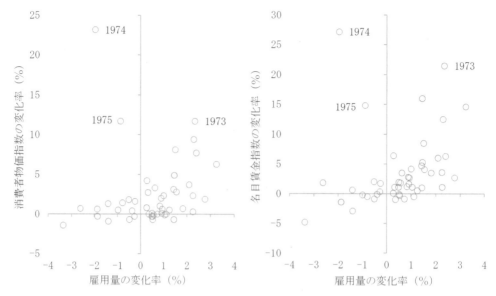

図表 13−6　雇用量、消費者物価、賃金指数[243]

　　図表 13−6 の左図にみられる雇用量と消費者物価の関係は何によって説明されるのでしょうか。消費者物価の上昇はモノの価格が総じて上がることを意味します。モノの価格は、生産が追いつかないほど売行きがよいときに上がります。このようなとき、企業は雇用を増やし生産を拡大します。消費者物価の低下はモノの価格が総じて下がることを意味します。モノの価格は、売行きが悪く在庫が積み上がりそうなときに下がります。このようなとき、企業は雇用を減らし生産を縮小します。雇用量と物価は景気によって結びつけられます。

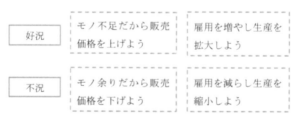

図表 13−7　景気、物価、雇用

　　図表 13−6 の右図にみられる雇用量と賃金の関係は何によって説明されるのでしょうか。好況期に労働市場は売り手市場になります。売り手市場とは、労働力を供給する求職者の立場が強い状況のことです。売り手市場のとき企業が雇用を増やすには、求職者によい条件を

---

[243] 厚生労働省, 毎月勤労統計調査、総務省統計局, 消費者物価指数、内閣府経済社会総合研究所, 国民経済計算、OECD, StatExtracts からデータを取得し作成。

提示しなければなりません。提示する条件が他社と比べて見劣りすれば、求職者は他社に流れてしまいます。よって、好況期に賃金は上がります。一方、不況期に労働市場は買い手市場になります。買い手市場とは、労働力を雇用する企業の立場が強い状況のことです。買い手市場のとき求職者が職を得るには、ある程度低い条件を受入れなければなりません。低い条件を受入れなければ、他の求職者に先を越されてしまいます。よって、不況期に賃金は下がります。雇用量と賃金は景気によって結びつけられます。

図表 13−8　景気、賃金、雇用[244]

図表 13−9 の左図は完全失業率と消費者物価指数の変化率との関係を表しています。

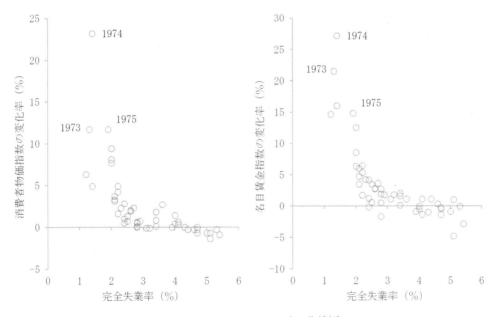

図表 13−9　フィリップス曲線[245]

---

[244] 厚生労働省, 令和元年賃金引上げ等の実態に関する調査, 付表 6 によると、賃金改定を予定している会社が最も重視したのは「企業の業績」であった。公共職業安定所が公表する求人募集賃金・求職者希望賃金情報も参照。
[245] 厚生労働省, 毎月勤労統計調査、総務省統計局, 消費者物価指数、総務省統計局, 労働力

153

失業率が高いとき消費者物価指数の変化率は低く、失業率が低いとき消費者物価指数の変化率は高い傾向にあります。1973 年から 1975 年は第 1 次石油ショックの時期です。右図は完全失業率と名目賃金指数の変化率の関係を表しています。1973 年から 1975 年にかけて賃金は大幅に上昇しました。この時期の失業率は 1%ほどで推移し、事実上の完全雇用が達成されていました。よって、物価上昇をともなう不況期とみるより、真性インフレーションから通常の経済状態への過渡期とみたほうがよさそうです。真性インフレーションとは、金融緩和を推し進めても賃金が上がるだけで雇用は増えない状態のことです。この状態から抜け出すには金融を引締めなければなりません。金融を引締めると、ハードルレートは上がり、有効需要は減り、雇用は減り、失業率は高まります。

3　政策の評価

　ここまでで、物価と雇用はトレードオフの関係にあることがわかりました。雇用を増やそうとすれば物価の上昇を受入れなければなりませんし、物価の上昇を抑えようとすれば雇用が減るのを受入れなければなりません。政府は雇用を増やすことに力を注ぐ傾向にありますので、バランスをとるために、日本銀行は物価の安定に軸足を置いて政策を運営しています。このことは、日本銀行のホームページに「日本銀行は、物価の安定と金融システムの安定を目的とする、日本の中央銀行です」と記されていることからわかります。

　では、物価の安定とはどのような経済状態なのでしょうか。これについて日本銀行は、「家計や企業等の様々な経済主体が物価水準の変動に煩わされることなく、消費や投資などの経済活動にかかる意思決定を行うことができる状況」であると定義しています。そして、「消費者物価の前年比上昇率で 2%」となるよう政策を運営しています[246]。

　この「目標」は、どれほどの割合で達成されてきたのでしょうか。消費者物価指数の対前年変化率の推移を表す図表 13−10 をみると、1971 年から 2019 年の 49 年のあいだに変化率が 2%以下のプラスの領域にあったのは 21 年、2%を超えたのは 17 年、0 を下回ったのは11 年でした。達成率は 43%です。

　消費者物価の変化率がマイナスである状態と、消費者物価の変化率が 2%を超える状態では、どちらが深刻なのでしょうか。消費者物価の変化率が高いとき、同じ商品群を買うために払う金額は多くなり、消費者物価の変化率がマイナスであるとき、同じ商品群を買うため

調査からデータを取得し作成。Phillips（1958）が提示した右図をフィリップス曲線という。Phillips 氏の数奇な運命については Sleeman（2011）を参照。
[246] 「」内は日本銀行, 金融政策運営の枠組みのもとでの「物価安定の目標」について（2013 年 1 月 22 日）から引用。「中長期的な物価安定の目途」について（2012 年 2 月 14日）、「中長期的な物価安定の理解」の明確化（2009 年 12 月 18 日）も参照。

に払う金額は少なくなります。すると、消費者物価の変化率はプラスよりマイナスのほうが
よいように思えます。しかし、消費者物価の変化率がプラスであっても買い物が楽になるこ
とがあり、消費者物価の変化率がマイナスであっても買い物が大変になることがあります。
たとえば、消費者物価の変化率が＋5%であっても、同時期に給与が 10%増えれば買い物は
楽になります。消費者物価の変化率が−2%であっても、同時期に給与が 5%減れば買い物
は大変になります。

　これについて図表 13−10 をみましょう。1971 年から 1991 年の推移を表す左図をみると、
消費者物価指数の変化率が賃金指数の変化率を上回っているのは 1980 年だけです。一方、
1992 年から 2019 年の推移を表す右図をみると、多くの年で消費者物価指数の変化率が賃金
指数の変化率を上回っています。物価が上昇していた 1990 年代前半までより、物価が下落
している 1990 年代後半からのほうが状況はきびしいようです。本章の図表 13−5 が示すよ
うに、雇用者が増えた社会衛生・保険事業の時給が低下していることが影響しているようで
す[247]。

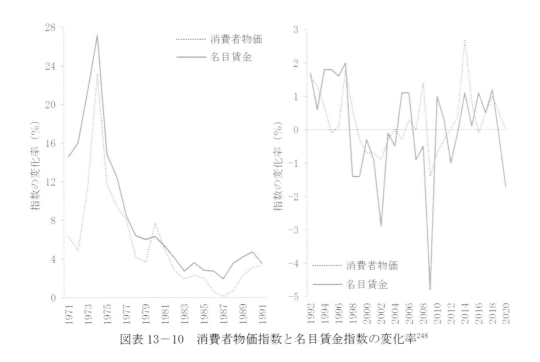

図表 13−10　消費者物価指数と名目賃金指数の変化率[248]

---

[247] インフレ率を加速しない失業率（NAIRU）については Ball and Mankiw (2002)、
Journal of Economic Perspectives の 1997 年冬号（Vol. 11, No. 1）を参照。本章でみたよ
うな業種ごとの賃金格差を取り入れた NAIRU の研究は少ないように思われる。高齢化が進
む先進国の多くで賃金がそれほど高くない介護や終末医療に関連する雇用が増えており、
これが低い失業率とインフレ率をもたらしているようである。
[248] 厚生労働省, 毎月勤労統計調査、総務省統計局, 消費者物価指数からデータを取得し作
成。経済を名目で捉え、物価は賃金等関連指標とあわせてみるのが生産的だと思われる。

補論　感じていること

　本書の締めくくりとして、感じていることをいくつか短くまとめます。

　SNA（国民経済計算）は、いわば数独やルービック・キューブのようなパズルを多面連立に拡張したもののようです。1列の数字や1面の色をそろえるのに注力しすぎると、他の列の数字や他の面の色がバラバラになっているのを見過ごしてしまいます。全体を俯瞰すべきものだと感じています。

　政府が何かを測ることは、その何かに手当てをすることです。公的統計を新たに作ると、それに付随する事業が増えます。財政難や働き方改革が叫ばれる昨今、「何をするか」ではなく「何をしないか」の議論のほうが大事です。国民の重大関心事である雇用と密接な関係を持つGDPを中心とする国民経済計算は、「血税を統計官と学者の趣味に浪費している」と国民から指弾されない、ギリギリのラインだと思います[249]。

　公的統計は省庁や学者の財産ではなく、国民の財産です。これを出世の足がかりにしたり、組織防衛に濫用したりするのは慎まなければなりません。万が一にも、推計手法の変更が「ゴールポストを動かす」ように受け取られるようなことをしてはなりません。たとえそれが自らの立場を悪くするものであっても、統計を率直に公表して、国民の判断を仰がなければなりません。

　緊急時にはトップダウンも必要です。ただ、改善を持続可能なものにするのは、やはり風通しのよいボトムアップです。司令塔が号令をかけても、統計の実務に携わる統計官、調査員、調査に協力する国民が動かなければ何もできません。公的統計の運営は、現場の声を吸い上げる形に移行する時期に来ているのではないでしょうか。無茶を言って「後は任せた」では、空中分解してしまいます[250]。

---

[249] 今次のコロナ禍に十分に対応できないのであれば、地政学的リスクには全く対応できないであろう。国民の生命・財産を守ることは到底おぼつかない。

[250] 一部のエリートが国民を測り、命令し、評価するのは社会主義・共産主義のディストピアである。

さいごに、賢人たちの言葉を記して本書を閉じます。

　「われわれの本性の二つの基本的な部分、すなわち、理性と情念から、数学的学問[ラーニング]と独断的[ドグマティカル]学問という二つの種類の学問が発生してまいりました。前者には論議・論争の余地はありません。なぜなら、それはひとえに図形や運動を比較することだけから成り立っている学問であり、このようなことがらにおいては真理と人間の利害とが互いに対立することはないからであります。しかし、後者においては論争の種とならないものは皆無であります。なぜなら、それは人間を比較し、人間の権利や利益にかかわるからであります」(Hobbes, Thomas 著，高野清弘訳『法の原理 ―自然法と政治的な法の原理―』行路社，2016 年，p. 11)

　「極端に絶対的な君主制の国々においては、歴史家は真理を裏切る。なぜなら、彼らはそれを述べる自由をもっていないからである。極めて自由な国家において、歴史家はその有する自由そのもののゆえに真理を裏切る。この自由は常に分裂を生み出すので、各人は、専制君主の奴隷となると同じほどに、自己の党派の偏見の奴隷となるのである」(Montesquieu, Charles-Louis de Secondat, Baron de la Brède et de 著，野田良之・稲本洋之助・上原行雄・田中治男・三辺博之・横田地弘訳『法の精神』中巻，岩波文庫，2014 年，p. 196)

　「あらゆる人に全体として忠告したいと欲する。すなわち、知識の真の目的を考えること、知識を心の楽しみのためとか、争いのためとか、他人を見くだすためとか、利益のためとか、名声のためとか、権力のためとか、その他この種の低いことのためにではなく、人生の福祉と有用のために求めること、それを愛のうちに成しとげ支配することである」(Bacon, Francis 著，桂寿一訳『ノヴム・オルガヌム』岩波文庫，2016 年，p. 32) [251]

---

[251] 「愛」とは唐突だが、その意味はベーコン自らが Bacon, Francis 著，服部英次郎・多田英次訳『学問の進歩』岩波書店，2019 年，p. 21 に「もしそれが愛から離れてしまって、個人と人類の善に向けられていないなら、ほんとうにほむべきなかみのある徳をもたずに、やかましいだけで値打ちのないほまれをもつにすぎない」と解説している。『ノヴム・オルガヌム』からの引用文と同様の章句が『学問の進歩』pp. 67-69 にある。
　近年の政治、行政、学問はやかましくてしかたないというのが良識派の総意であろう。

参考文献

・Ball, Laurence, and N. Gregory Mankiw, 2002, The NAIRU in Theory and Practice, Journal of Economic Perspectives, 16, 4, 115-136.

・Phillips, Alban William, 1958, The Relation between Unemployment and the Rate of Change of Money Wage Rates in the United Kingdom, 1861-1957, Economica New Series, 25, 100, 283-299.

・Sleeman, Allan G., 2011, Retrospectives: The Phillips Curve: A Rushed Job?, Journal of Economic Perspectives, 25, 1, 223-238.

Reading List

・伊達大樹・中島上智・西崎健司・大山慎介『米欧諸国におけるフィリップス曲線のフラット化 —背景に関する3つの仮説—』日銀レビュー, 2016-J-7, 2016年。

・川上淳之『就業者労働時間の推計方法 —総務省「就業構造基本調査」を用いた推計の改善と課題—』季刊国民経済計算, 156, 25-42, 2015年。

・厚生労働省政策統括官（総合政策、統計・情報政策、政策評価担当）『毎月勤労統計調査について』第132回統計委員会, 配布資料5-2, 2019年。

・内閣府経済社会総合研究所国民経済計算部『就業者の労働時間数に係る参考系列について』2018年。

・内閣府経済社会総合研究所国民経済計算部『雇用者報酬推計における「毎月勤労統計調査」データの調整方法について』2018年。

・内閣府経済社会総合研究所国民経済計算部『毎月勤労統計の再集計値公表を受けた平成29年度国民経済計算年次推計（フロー編）再推計結果について』2019年。

・由井謙二『就業者の労働時間の参考系列公表について —生産性分析に資する労働投入量の計測—』季刊国民経済計算, 163, 1-13, 2018年。

・より正確な景気判断のための経済統計の改善に関する研究会『より正確な景気判断のための経済統計の改善に関する研究会 報告』内閣府, 2016年。

・Higo, Masahiro, Kiyohiko G. Nishimura, and Yukie Sakuragawa, 2020, Reform and Crisis in Government Statistics: The Case of Japan, Asian Economic Papers, 19, 2, 21-37.

おわりに

　本書は、専門経済学者と経済論争に関わる多様な人たちという、2とおりの読者を想定しています。

　数学、統計学、物理学などの分野から転身して専門経済学者になる人が増えているようです。本書はそうした人たちに経済統計のクセを知っていただくことをねらいとしています。ここまでお読みいただければ、GDP は SNA という大きな体系のごく一部に過ぎないことや、フローとストック、実物と金融、制度部門が複雑にからみあっていることなどを理解されると思います。分析に用いる経済モデルはこうした経済統計のなりたちと整合的か、再考いただければ幸いです。

　専門経済学者ではない人たちによる議論も SNS 等で活発になっているようです。本書はそうした人たちに建設的な議論の場を提供することをねらいとしています。「政治的立場を同じくする少数の人たちの自己満足」を超えるには、本書の内容と、本書で紹介した統計官の研究やマニュアル類をふまえる必要があります。議論に最低限必要な知識を得た上で、党派性を離れた上質な議論を展開していただきたいと思います。

　さいごに、英国の経済学者ジョン・メイナード・ケインズの言葉を紹介します。

　「ある理論が重要だと述べている要素の数量的影響を検証するという考え方は、非常に有益かつ適切なものです。しかし答えるべき問題は、ここで用いられている複雑な方法が、その方法か現に利用可能な統計のどちらかが支持しないような偽の正確さを生んではいないかということです。元のデータをよりわかりやすい形で使うもっと大まかで手軽な方法のほうが、より安全かもしれません」[252]

　原点がずれると、そのあとすべては虚ろになります。経済統計をできるかぎり正確に理解する、まずここからはじめたいと思います。

---

[252] Moggridge, Donald Edward 編，清水啓典・柿原和夫・細谷圭訳『一般理論とその後 第 II 部 弁護と発展』ケインズ全集第 14 巻，東洋経済新報社，2016 年，p. 347 から引用。

索引

は行のつづき

ま行

や行

ら行

【著者略歴】

氏名　　佐々木　浩二（ささき　こうじ）
所属　　専修大学経営学部
学位　　School of Economics, Mathematics and Statistics, Birkbeck College,
　　　　University of London, Doctor of Philosophy（2004年）

マクロ経済の統計　―はじめてのSNA―

2021年 9月17日　　　初版発行
2023年10月10日　　　第二版発行

　　　　　　　　　　　　　　　　　著　者　　佐々木　浩二

　　　　　　　　　　　発行所　　株 式 会 社　三 恵 社
　　　　　　　　　　　〒462-0056 愛知県名古屋市北区中丸町2-24-1
　　　　　　　　　　　　　　　　TEL 052（915）5211
　　　　　　　　　　　　　　　　FAX 052（915）5019
　　　　　　　　　　　　　　　　URL http://www.sankeisha.com

ISBN978-4-86693-492-1 C2033